MES SOUVENIRS

DE 1814 ET 1815.

MES
SOUVENIRS
DE 1814 ET 1815.

PAR M. ***

CHEVALIER DE LA LÉGION-D'HONNEUR,
MEMBRE CORRESPONDANT DE L'ACADÉMIE DE TURIN.

.... Que faire en un gite, à moins que l'on ne songe?

LA FONTAINE.

PARIS,

A. EYMERY, LIBRAIRE, RUE MAZARINE, N° 30.
DELAUNAY et PONTHIEU, Libraires, au Palais-Royal.

1824.

AVIS

DE L'ÉDITUER,

Ne voulant pas nous en rapporter à notre seul jugement sur l'ouvrage anonyme que nous publions, nous croyons devoir imprimer ici la lettre suivante écrite à l'auteur, par un litté-rateur, justement célèbre, qui l'honorait de son estime, et dont la perte a été aussi vive-ment sentie à la Chambre des pairs et au Conseil privé du Roi, qu'à l'Académie française.

« J'ai lu, Monsieur, avec le plus grand
« plaisir, et le premier de vos articles inséré
« dans le Conservateur, et le second qui vient
« de paraître dans le journal officiel. Je vous
« ai reconnu sans peine. Tout est du bon
« temps et de la bonne école, la pureté des
« principes et la sagesse du style.

« Le marquis de Fontanes. »

Paris, le 13 janvier 1820.

Cette lettre *du Grand-Maître*, ne porte, à la

ij

vérité, que sur deux fragments des Souvenirs, qui ont déjà été insérés dans les journaux; mais elle nous a paru un préjugé favorable pour tout l'ouvrage, et nous osons espérer que le Public en concevra cette opinion.

A. EYMERY.

MES SOUVENIRS

DE 1814 — 1815.

Le 31 mars 1814 me surprit dans les états de Gênes, administrant une petite province dispersée sur l'Apennin. J'occupais cette place depuis 1807. Le décret qui m'y avait nommé était daté de Varsovie. La nouvelle de l'entrée des alliés à Paris ne parvint aux Français jetés au-delà des Alpes, que le 15 avril, au moment où tous leurs regards étaient fixés sur le Prince Eugène qui, sous les murs de Plaisance, semblait vouloir défendre les rives du Pô. Telle était la force des illusions politiques, semées à dessein autour de nous, qu'avant la défection de Murat, au moment où les empereurs et les rois de l'Europe marchaient sur Paris, on voulait nous représenter l'armée d'Italie sur la route de Vienne, menaçant cette capitale et opérant ainsi la plus étonnante diversion.

La prise de Paris, en réduisant à l'extrémité Napoléon, ne servit qu'à me rappeler que lui seul avait eu mes serments, et que je devais les remplir dans le poste périlleux où ce grand événement me plaçait. Je voyais en lui, non le conquérant et le despote, mais l'homme qui avait enchaîné la ré-

1

-volution et qui, par ce grand acte de force et d'habileté, avait bien mérité des rois et des peuples. Il
avait dit à cette révolution, comme jadis Canut,
roi d'Angleterre, à la mer sur la grève de Sou-
thampton, où il s'était fait dresser un trône pour
prendre possession de cet élément : « Sache que
« tu es ma sujette, que la terre où je suis est à
« moi, et que jusqu'ici personne n'a été rebelle à
« mes volontés. Je te commande donc de demeurer
« où tu es, sans passer outre, ni être assez hardie
« pour approcher de mon trône. » Une vague ren-
versa le trône du prétendu dominateur de l'Océan,
et le couvrit de son écume ; mais la révolution
obéit en sujette à Napoléon. Non seulement elle
s'est arrêtée devant lui, de crainte ou d'admiration ; mais il l'a fait rétrograder à grands pas.

Comme il fallait un continuateur non au conquérant ni au despote, mais au maître de la révolution, et qu'un pareil successeur n'était pas aisé à
trouver, il était bien permis, après sa chute, d'avoir
quelque inquiétude pour la France et pour l'Europe,
quoiqu'il les eût cruellement tourmentées.

Le 19 avril, Gênes capitula, après un simulacre
de siége. Cette ville se rendit aux Anglais, sous la
promesse solennelle de Lord Bentink, que l'ancienne république serait rétablie. Le congrès de
Vienne a réuni la république qui voulait renaître,
au royaume de Sardaigne, auquel elle porte toute
l'antipathie et toute la haine, si communes surtout
en Italie, entre deux peuples rivaux et voisins.

Paris au pouvoir des étrangers, Gênes en celui des Anglais, il ne me restait, dans l'ignorance absolue où j'étais de ce que l'on concluait à Fontainebleau, qu'à me retirer au fort de Gavi, situé à deux lieues de ma résidence, et faisant partie de mon petit gouvernement. J'avais été chargé de son approvisionnement; il était armé pour soutenir un siége; je me disposais à aller m'y enfermer avec toute ma famille, lorsqu'il s'y passa un événement qui peut offrir quelque intérêt.

Le commandant de ce fort était un colonel corse, nommé Coli. Il était en disgrace et dans ce poste ignoré, pour avoir, n'étant encore que simple officier, épousé, contre le vœu de la famille Bonaparte, une demoiselle de son île, qu'on réservait à de plus hautes destinées. C'était la petite-fille de la nourrice de Napoléon que lui-même, en sortant de l'École militaire, avait tenue sur les fonds de baptême, et à laquelle il avait donné le nom de Faustine. J'ai vu cet extrait de baptême signé Napoléon, dix ans avant que ce nom devînt si imposant et si célèbre. J'ai vu aussi l'aïeule de Faustine; elle était plus qu'octogénaire, et vivait à Gavi, avec ses enfants, d'une pension de 3,000 fr, que lui faisait Napoléon, et dont j'ai long-temps ordonnancé le payement. Condamné à languir dans ce commandement, Coli s'y était lié d'une étroite amitié avec le nommé Vassali, homme de résolution, d'habileté et d'une grande influence dans le canton. La veille qu'il avait été s'enfermer dans son fort,

1

à l'approche des Anglais qui avaient déjà franchi la Bocchetta, Vassali, en l'embrassant, lui avait promis tous les secours de l'amitié et d'un bon voisinage ; mais, du moment qu'il eut appris le renversement de Napoléon, il se déclara contre les Français, et arma la population contre le fort et son commandant. Ne pouvant croire une pareille perfidie, Coli descend seul de ses remparts pour s'aboucher avec celui qui, la veille, se disait son ami et le plus fidèle agent de Napoléon. Il entre sans armes dans la salle de la mairie, où Vassali avait rassemblé les principaux insurgés. « Rendez-nous votre fort, lui dirent-ils, en le voyant ; toute résistance est inutile. — J'ai juré de le défendre, répond cet officier français, et je tiendrai mon serment. Moi vivant, le fort de Gavi ne sera jamais rendu à des rebelles. »

A ces mots, un coup de pistolet, tiré par le plus jeune des révoltés, atteint Coli au bras et le blesse dangereusement. C'en était fait de lui ; il était égorgé dans l'assemblée, si des soldats français, qui étaient encore dans la ville, ne fussent accourus au bruit du coup, et n'eussent délivré leur commandant, en l'emportant au fort. Là, il eut mille peines à contenir la fureur des soldats : ils demandent à marcher contre les insurgés, et à tourner toutes les batteries sur la maison Vassali ; mais il n'écouta pas leur juste ressentiment, et s'arrêta à une vengeance plus noble, quoiqu'elle semblât devoir être plus cruelle. Il ordonne une sortie, et la conduit lui-même malgré sa blessure. Vassali, à la tête de ses paysans armés, s'avance contre lui; un combat s'engage; Coli en dirige l'action principale du côté de Vassali et de son fils unique, jeune homme de 17 ans, qui combattait à ses côtés. Dès qu'il les vit tous deux enveloppés, Coli crie à ses soldats: «Epargnez le père, je ne veux que le fils.» Aussitôt le jeune Vassali est enlevé et conduit au fort, malgré la résistance la plus opiniâtre de son père. Qu'on se peigne son désespoir, en annonçant à sa femme que leur fils était le prisonnier de Coli. Furieuse et égarée, elle vole jusqu'aux derniers postes, demandant à grands cris son fils, son cher *Pietrino*. Les soldats la repoussent et lui crient du haut des remparts: « Votre fils est condamné à mort, il va être exécuté. » Elle entend le roulement des tambours et une décharge de mousqueterie; elle ne doute pas de la fatale exécution. Elle tombe inanimée, et on la ramène à son époux. Ils pleuraient tous deux la mort de leur fils, leur unique espérance, lorsque Coli le leur renvoie plein de vie et se louant beaucoup de la manière dont il avait été traité au fort.

Deux jours après, les ordres du ministre de la guerre étant parvenus officiellement à cet homme d'honneur, il rendit la place qu'il ne devait plus défendre. Les officiers anglais auxquels il la remit, donnèrent les plus grands éloges à sa valeur et à sa fidélité; ils le firent escorter jusqu'à Gênes, où un de leurs vaisseaux le conduisit en Corse; ils avaient pris plaisir à converser avec la nourrice de Napoléon, qui leur racontait les particularités de son enfance; et ils la traitèrent, ainsi que sa petite-fille, avec les plus grands égards. Vassali n'obtint pas le même accueil.

Pendant cette espèce de siége du fort de Gavi, qui n'est point imprenable, quoique les Génois prétendent qu'il n'a jamais été pris, j'avais à soutenir dans ma résidence tous les assauts qu'une populace éffrénée livre toujours, au moment d'une révolution, à tous ceux qui ont été revêtus d'un pouvoir qui n'est plus. Malgré les efforts des notables de la ville qui se joignirent à moi, pour repousser des hommes avides de sang et de pillage, mon hôtel était déjà en leur pouvoir, et le drapeau génois, qui ne devait pas flotter long-temps, était déjà arboré à toutes mes croisées, lorsque je reçus l'ordre de quitter ce champ de bataille, et de rentrer en France par Alexandrie.

Ici je dois payer un tribut de reconnaissance à une famille qui, long-temps mon ennemie, au lieu de l'être du gouvernement qui l'avait tourmentée, vint à moi, dans ce moment de danger, et m'entoura de son influence et de sa popularité. Riche, nombreuse et puissante, elle aurait pu profiter de l'insurrection et la diriger au gré de sa haine et de sa vengeance; mais elle oublia son ressentiment et forma autour de moi une garde vigilante et impénétrable. L'insurrection qui durait depuis quelques jours, venait enfin d'être

appaisée par un accident tragique que l'on prit
pour un coup du Ciel. Comme dans ce pays, les
grandes joies et les grandes douleurs du peuple
s'annoncent et s'expriment par le son des cloches,
les plus ardents volèrent au clocher de la cathédrale, à la première nouvelle de l'entrée des alliés
à Paris. Là, ce fut à qui s'emparerait le premier des
cloches. Un combat aérien s'engage entre eux; ils se
heurtent, se poussent, et le plus intrépide sonneur,
chef de la révolte, tombe du haut du clocher, et s'em-
pale sur la croix d'un tombeau qui était au bas. A ce
spectacle, la populace effrayée se calme et se retire
dans le plus grand silence; un prêtre accourt pour
administrer le supplicié; il était sans vie. Cette mort,
privée du secours et des pardons de la religion, lui
parut le signe le plus certain de la colère du Ciel.
Le peuple rendu à la tranquillité et à ses habitudes
ordinaires, je ne m'occupai plus que des préparatifs de mon départ. Dès qu'ils furent achevés, je
voulus me trouver encore une fois au milieu des
notables qui venaient de me donner une si grande
preuve d'attachement. Le conseil municipal s'étant
assemblé, je m'y rendis et, après avoir remercié en
particulier tous ses membres de ce qu'ils avaient
fait la veille pour eux et pour moi, je leur tins à
peu près le discours suivant:

« Avant de nous quitter, Messieurs, permettez-
« moi de vous retracer tout ce qu'a fait l'administra-
« tion française, pendant les huit ans qu'elle a régi
« votre pays. Ce tableau, mêlé de mal et de bien,

« ne peut manquer de vous intéresser, et le mo-
« ment où il vous est présenté vous répond de sa
« fidélité.

« Vous avez appartenu à un empire qui a eu le
« sort de tout ce qui est violent et précipité. Vous
« avez eu beaucoup à gémir sous le poids des cons-
« criptions; mais ce fléau vous a été commun avec
« toute la France et toute l'Europe. D'ailleurs, nous
« avons opposé à ses ravages un préservatif répa-
« rateur; je me glorifie de vous avoir apporté la
« vaccine; il n'est pas un hameau de la Ligurie, dé-
« pendant de mon administration, où je n'aie fait
« pénétrer cette précieuse découverte; vous m'avez
« vu, chaque printemps, parcourant à pied toutes
« vos montagnes, avec un homme de l'art, muni du
« salutaire vaccin. Le pasteur, dont j'étais l'ami,
« nous attendait et avait prévenu favorablement
« ses paroissiens. A peine la cloche du village avait
« annoncé notre arrivée, que toutes les mères, char-
« gées et suivies de leurs enfants, venaient elles-
« mêmes les présenter au vaccinateur: mes efforts
« ont été si heureux et si connus que le gouverne-
« ment m'a décerné deux récompenses honorifiques
« auxquelles vous avez applaudi.

« Vous avez souvent murmuré contre nos lois fis-
« cales de l'enregistrement, mais vous vous êtes tou-
« jours félicités de notre régime conservateur des
« hypothèques, sauve-garde de toutes vos fortunes.

« Avant nous, vous ne jouissiez d'aucune sûreté
« publique ni privée. Les portes de vos villes osaient

« à peine s'ouvrir, même pendant le jour, tant elles
« étaient assiégées par des brigands armés; aujour-
« d'hui elles ne sont pas fermées, même la nuit, et
« votre repos n'est jamais troublé. Le passage de la
« Bocchetta était le repaire de ces brigands; il avait
« une réputation effrayante pour tous les voyageurs
« de l'Europe; nous avons rendu cette route aussi
« sûre que toutes celles de la France.

« Nos lois ont encore plus fait pour la conserva-
« tion et l'honneur de vos familles : des mariages
« secrets, favorisant toute espèce de désordres,
« vous enlevaient vos fils et vos filles, et formaient
« des liens sanctionnés par la religion et presque
« toujours désavoués par vous. Notre code a rétabli
« la puissance paternelle, et ce scandale ne peut
« plus reparaître.

« Votre religion, qui est la nôtre, a toujours reçu
« nos respects et nos hommages; ses ministres ont
« toujours été protégés et honorés par nous.

« Vos cathédrales, vos églises, ont conservé tous
« leurs biens et les ont même augmentés par de
« nouvelles dotations. Les curés des campagnes,
« pauvres et utiles comme ceux de notre France,
« ont reçu un traitement annuel de 600 francs, sans
« perdre la dîme volontaire que leurs paroissiens
« ont voulu toujours leur offrir.

« Plusieurs branches de votre administration in-
« térieure ont reçu aussi des améliorations impor-
« tantes. Vos églises si belles et si fréquentées étaient
« les foyers de tous les miasmes putrides. La prière

« était souvent interrompue par de délétères exha-
« laisons. Nous vous avons engagés à porter loin des
« vivants la demeure des morts. Vous avez cons-
« truit des cimetières dans des lieux solitaires ;
« vous les avez plantés de cyprès et de platanes ;
« vous les avez entourés de tout ce qui peut ajouter
« au respect pour vos pères et vos amis qui ne sont
« plus ; des autels y ont été élevés ; la population,
« d'abord contraire à ces établissements, a été sen-
« sible aux soins religieux que nous avons pris de
« son dernier asile, et elle y porte déjà ses pleurs
« et ses offrandes.

« Vos prisons étaient le tombeau des vivants, et
« accusaient votre gouvernement républicain d'in-
« humanité ou d'une coupable négligence. En y
« entrant, l'innocent comme le coupable était privé
« d'air, de mouvement et de consolation ; aujour-
« d'hui vos prisons sont de vastes ateliers traver-
« sés par des cours spacieuses, où l'air et la lu-
« mière pénètrent de toutes parts : le détenu y res-
« pire comme dans les champs ; il y trouve du tra-
« vail qui abrège encore sa détention et lui fait
« acquérir un petit pécule si utile au moment où il
« recouvre sa liberté. Il y trouve même une eau sa-
« lubre qui le lave et le rafraîchit. Un oratoire reçoit
« ses prières et ses repentirs ; il jouit des bienfaits de
« la religion et de l'humanité.

« Je ne vous parlerai pas des monuments de gloire
« que la valeur française a élevés sur votre territoire,
« et qui, déjà devenus historiques, seront bientôt

« visités par les voyageurs que vous guiderez vous-
« mêmes vers nos trophées. Je ne veux vous parler
« que des monuments d'utilité publique.

« La rivière de la Scrivia, qui descend de vos mon-
« tagnes, interrompait souvent vos communications
« avec l'Italie; vous devez à la France le pont sur
« lequel vous traversez à présent ce torrent impé-
« tueux.

« La Bormida, qui a vu si souvent sur ses bords
« nos armées victorieuses, vous présentait les
« mêmes dangers et les mêmes obstacles; la France
« y a encore jeté, devant la fière Alexandrie, un pont
« superbe, digne de celui qu'elle a sur le Tanaro.

« Nous vous avons apporté tous les arbustes et
« arbres étrangers acclimatés en France par nos
« plus célèbres agriculteurs. Nous en avons formé
« des pépinières; cette intéressante colonie est déjà
« naturalisée parmi vous; vous en avez orné vos
« promenades publiques qui étaient sans ombrage;
« vous en couvrirez vos montagnes, que la méchan-
« ceté de vos voisins accuse d'être toujours nues et
« stériles. Puissent ces hôtes paisibles vous rappeler
« les premières mains qui les ont plantés sur votre sol !

« Nous vous préparions d'autres établissements;
« nous formions d'autres projets d'amélioration, que
« des revers plus étonnants que nos succès ont dé-
« truits pour jamais; mais non : ils seront exécutés
« par le gouvernement qui va nous succéder. Puissiez-
« vous, en recouvrant votre ancien gouvernement,
« jouir long-temps de la paix qui peut seule le

« faire fleurir, et que Napoléon n'a pas su donner à
« l'Europe! Puissiez-vous y recouvrer l'indépendan-
« ce et le rang que vos ancêtres ont long-temps
« obtenus dans les deux mondes ! »

Ils firent les mêmes vœux pour la France; et
nous nous séparâmes comme des amis qui entre-
voient une longue absence.

Le 20 avril, j'appris l'abdication de Napoléon,
sa retraite à l'île d'Elbe, et l'avénement de Louis
XVIII au trône de ses pères. Un seul de ces évène-
ments eût suffi pour m'agiter de mille sentiments
contraires; qu'on juge de l'effet que produisirent
sur moi les trois ensemble, me parvenant à deux
cents lieues du théâtre où ils se passaient.

Je fixai irrévocablement mon départ au lendemain; la nuit fut aussi tranquille que le jour qui l'a-
vait précédée : le peuple était entièrement rentré dans
le devoir et l'obéissance. A mon lever, je trouvai
une députation du conseil municipal, qui était chargée par ses collègues de m'accompagner jusqu'à
Alexandrie. J'acceptai avec reconnaissance cette
escorte d'honneur et de bienveillance. Au moment
de monter en voiture, on m'annonça deux voyageurs
dont l'arrivée imprévue avait fait beaucoup de sensa-
tion dans la ville. C'étaient deux colonels dont un
français, et l'autre autrichien, venant tous deux de
Turin et se rendant ensemble à Gênes. Ils avaient la
même mission de leur gouvernement respectif: ils
venaient faire connaître les événements, surtout la
convention du prince Eugène, et faire cesser les hos-

tilités sur toute la ligne des Apennins. Je leur appris la capitulation de Gênes et la prise de possession par les Anglais. Ce dernier événement parut affecter le colonel autrichien. Il me sembla qu'il s'attendait à prendre possession de cette ville, au nom de l'empereur son maître, comme quelques jours après il le fit d'Alexandrie.

Gênes, au pouvoir des Autrichiens, eût-elle été traitée plus favorablement et plus selon ses vœux, qu'elle ne l'a été au congrès de Vienne, étant au pouvoir des Anglais? L'amour et l'importance de cette conquête, sa contiguïté avec le duché de Toscane où règne un archiduc, n'auraient-ils pas pu engager l'empereur d'Autriche à plaider la cause de son ancien gouvernement et de son indépendance ?

Je ne répondrai pas à ces deux questions ; mais je ne puis m'empêcher de remarquer que le sort des états, ainsi que celui des particuliers, tient souvent à des causes bien légères. Le colonel autrichien arrivé à Gênes, deux jours avant sa capitulation, s'en serait emparé et aurait peut-être ainsi changé la destinée de cette ville et des états qui en dépendent.

Le colonel français portait la cocarde blanche. Ce signe du retour des Bourbons que je n'avais vu que dans mon enfance, et qui reparaissait, après vingt ans de proscription, réveilla en moi mille souvenirs de notre histoire et presque de nos familles. Le panache de Henri IV sembla frapper mes regards. La patrie, que je n'avais encore vue que sous un aspect terrible et menaçant, m'apparut sous

un jour plus doux. Je crus cependant ne devoir pas
encore arborer la couleur des fils du bon Henri. Je
pensai qu'il y aurait de la lâcheté à abandonner, sur
une terre étrangère, le drapeau que nous y avions
apporté, et que nous avions entouré de tant de respect et de grandeur. Ce changement subit de ban-
nière n'aurait paru à mes administrés, qui n'étaient
plus Français, qu'un acte de faiblesse, ou du moins de
légèreté. Je ne voulus pas imiter la conduite du préfet d'un département voisin, qui, au premier bruit
de la chute de Napoléon, sans avis officiel, arbora
la cocarde blanche, fit proclamer Louis XVIII, et
qui, le 15 mars suivant, vola à la rencontre de
Napoléon jusqu'à Lyon, et accepta de lui une préfecture, avant même qu'il fût sorti de cette ville.

Les deux voyageurs continuèrent leur route sur
Gênes dans une situation et des sentiments bien
différents qui se peignaient sur leurs physionomies.
L'un avait une contenance ferme, mais morne et
silencieuse : il se prêtait à regret à la mission qu'on
lui avait donnée. L'autre respirait le triomphe avec
d'autant plus d'abandon, qu'il était nouveau pour
lui. Il se conduisit cependant devant nous avec autant d'honnêteté que de modération. Je leur donnai
un laissez-passer pour traverser Gavi. Le colonel
de ce fort, du haut de son rocher, comme le ma-
gicien Atland de l'Arioste, arrêtait tous les voyageurs
et interceptait toute communication. Mais, à la faveur de ce passeport, ils purent gravir la Bocchetta
et arriver à Gênes.

Le 22 avril, je quittai pour toujours la ville et
la province où j'avais résidé pendant 7 ans, comme
agent du gouvernement français ; je ne m'en éloi-
gnai pas sans quelques regrets ; j'emportai et je lais-
sai plus d'un heureux souvenir. Je me rappellerai
long-temps que c'était un jour de dimanche, et que
le peuple, près d'aller à vêpres, remplissait la place
qui est devant la cathédrale et que ma voiture tra-
versa. Ce peuple était aussi respectueux et aussi
tranquille que je l'avais vu, quelques jours auparavant, agité et menaçant. Du sein de cette multitude,
étonnée de mon départ, sortirent quelques cris
auxquels je répondis de tous mes vœux, et qui con-
trastaient bien avec ceux de guerre et de révolte,
qu'elle avait naguères préférés. « Vive la paix ! » s'écri-
ait-on sur mon passage. « Ah ! mes amis, leur répon-
dis-je, qu'elle vive ou plutôt qu'elle renaisse parmi
nous, cette bonne déesse qui semblait perdue pour
l'Europe ! qu'elle soit à jamais fixée parmi vous ! »

C'est en formant ces vœux que je franchis les
portes et que j'arrivai à Alexandrie. J'avais salué en
passant, la modeste colonne qui était encore debout
sur la grande route, et qui disait aux voyageurs :
« Ici, le 14 juin 1800. les Français commandés par
le premier consul ont gagné la bataille de Marengo.»
Je dis un éternel adieu aux milliers de braves ensevelis dans cette plaine illustrée par leur valeur. Je
vis l'arbre sous lequel le général Desaix avait rendu
le dernier soupir : on le nomme avec respect l'arbre
Desaix. En pensant à ces illustres morts, et aux

événements qui se passaient en France, je me disais:
« Puissent les Français, pour satisfaire leurs mânes,
reconnaître toujours qu'ils ont péri pour la gloire de
la France! »

· Je traversai avec orgueil le hameau si long-temps
ignoré, qui a donné son nom à cette bataille à jamais
célèbre. Comme il était paisible alors! La vieille
tour qui le domine était couverte d'une nuée de
pigeons qui y élevaient leurs douces familles. Le
ruisseau qui serpente dans cette plaine, au pied de
la tour, et qui, sans hyperbole, fut teint du sang
des guerriers des deux armées, et encombré des
cadavres des hommes et des chevaux amoncelés pêle-
mêle, coulait pur et limpide sous des berceaux
de saules et de mûriers; des troupeaux. paissaient
sur ses deux rives; le laboureur y traçait de faciles
sillons et me rappelait ces beaux vers de Virgile, si
heureusement traduits par Delille.

> Un jour le laboureur, dans les mêmes sillons,
> Où dorment les débris de tant de bataillons,
> Heurtant, avec le soc, leur antique dépouille,
> Trouvera sous ses pas des dards rongés de rouille,
> Entendra retentir les casques des héros,
> Et d'un œil effrayé contemplera leurs os.

A Alexandrie, mon escorte municipale me quitta,
nos adieux furent ceux de l'amitié; je la chargeai
d'exprimer à ses compatriotes toute ma reconnaissance. Dans cette ville, devenue un des boulevards du
grand empire, je vis tomber, comme d'elles-mêmes,
sur la place d'armes, du haut du palais impérial,

ces aigles si redoutables, qui avaient si long-temps épouvanté le monde. Elles tombaient sous les yeux d'une garnison nombreuse qui les avait portées sur ses étendards dans presque toutes les capitales de l'Europe. La population mêlée avec cette garnison contemplait cette grande vicissitude de la fortune, les yeux mornes et dans un étonnement qui n'était pas sans douleur; elle ne pouvait sitôt oublier que Napoléon avait versé des trésors dans son sein, et qu'il y laissait des monuments durables d'une puissance éphémère. Elle l'avait vu naguère, dans ce même palais, entouré de tout ce que l'imagination peut peindre d'éclat, de pouvoir et de fortune.

Je fus visiter le général D*** qui commandait à Alexandrie depuis dix ans, et qui a rendu à cette ville d'éminents services. Outre la plus exacte discipline qu'il a su toujours maintenir parmi les troupes, outre la plus rigoureuse justice qu'il rendait aux habitants, dans leurs démêlés avec les soldats, il a purgé ce territoire des brigands qui l'infestaient, et les a poursuivis dans leurs derniers retranchements avec le glaive de Mars et celui de Thémis. Un de ces brigands a obtenu de la célébrité: son nom était Maïno; mais il se faisait appeler l'Empereur des Alpes. Il a signé de ce titre plusieurs proclamations qu'il avait fait afficher sur la route. Il avait dévalisé le général Milhaud, le commissaire extraordinaire Salicetti; et, dans les jours de représentations ou de grande revue de sa bande, il paraissait avec les uniformes et toutes les décorations qu'il leur avait enlevés. Il n'a jamais été pris; attaqué par la gendarmerie dans le village de la Spinetta, où il était né , il se défendit seul comme un lion, tua plusieurs gendarmes, et fut tué à la fin dans sa maison, à laquelle on avait mis le feu. Le gouvernement n'a pas permis qu'elle fût rebâtie; Maïno n'avait que vingt-cinq ans.

Le général D*** est sans contredit un de nos généraux les plus instruits; il occuperait une place aussi distinguée dans un conseil d'état que dans un conseil de guerre. Il est versé dans l'histoire, et possède tous les auteurs de l'antiquité; il lit Polibe et Homère, comme Racine et Voltaire. Je l'avais vu souvent, moins à cause de la proximité où j'étais d'Alexandrie, et des rapports de services que j'avais avec lui, qu'à cause de la liaison qu'il entretenait avec un de mes parents, qui comme lui avait fait ses premières armes dans le régiment de Barrois, où ils étaient tous deux sous-lieutenants. Sa conduite, dans les derniers moments, fut d'autant plus remarquable par sa sagesse, que le gouvernement l'avait toujours négligé et le tenait comme exilé dans ce commandement. Les Alexandrins lui montrèrent bien dans cette circonstance toute l'estime qu'ils lui portaient. Il sortit de cette forteresse, non comme un général battu ou qui a capitulé, mais comme un ami qu'on regrette et qu'on voit avec peine s'éloigner. Le corps municipal et tous les notables l'accompagnèrent jusqu'à la dernière porte, sous les yeux de l'armée autrichienne qui était déjà dans la place; et,

pour ajouter à ce beau cortége, d'autant plus flatteur
dans la défaite, qu'il ne s'attache qu'à la victoire, le
peuple entier suivit le général de ses vœux et des
témoignages de sa reconnaissance. Ce qui donne un
nouveau prix à ces adieux, aussi honorables pour les
Alexandrins que pour le général, c'est que l'armée
française avait évacué la place, et que M. D*** était
le seul Français qui fût encore à Alexandrie.

Gênes rendait, dans le même moment, le même
hommage à un autre général français, et d'une manière
encore plus touchante. M. de Montchoisy y
commandait depuis plusieurs années, et s'était conci-
lié l'estime et l'amour de tous les Génois, qui,
généralement, sont assez difficiles à conduire et plus
encore à satisfaire; il avait obtenu le même succès
à Lyon où il avait commandé dans les temps les plus
difficiles de la révolution. Jamais commandant militaire n'a réuni plus de bonté et de formes aimables
à plus de noblesse et de désintéressement; jamais
un plus beau corps n'a orné une plus belle ame.
Étant tombé malade, quelque temps avant le siége
de Gênes par les Anglais, il fut remplacé, pour la
prétendue défense de cette place, par le général piémontais Fresia. Pendant que la maladie de M. de
Montchoisy faisait de sinistres progrès, la flotte de
Lord Bentink s'avançait et avait, presque sans résistance, opéré son débarquement sous les murs de
Gênes. A la vue des anglais, et surtout à la nouvelle
de l'entrée des alliés à Paris, que l'amiral anglais
leur avait fait connaître, les Génois s'étaient révol-

tés ; mais cette révolte n'avait pour eux ni le danger ni la gloire de celle de 1742; Masséna les avait
contenus en 1800, et leur avait fait supporter avec
constance et presque sans murmure un siége moins
long que terrible et glorieux ; mais Masséna n'était
plus à Gênes, et Buonaparte ne descendait plus du
haut des Alpes, à la tète d'une armée de réserve,
pour combattre dans les plaines de Marengo. Le
peuple génois poursuivit donc sa révolte impuné-
ment et presque sans obstacles. Les autorités françaises furent méconnues. La statue de Napoléon,
ouvrage d'un habile sculpteur génois, élevée à grands
frais sur la place publique de l'Acqua-Verde, fut
brisée et réduite en poussière. Tous les Français furent menacés. Le général seul fut respecté dans son
lit de douleur. Ce même peuple qui, le matin, osait
affronter les bataillons français, en appelant les Anglais à sa délivrance, s'attroupait le soir en silence
autour du palais du général, et demandait de ses
nouvelles avec le plus grand intérêt. Des gardes
placés par le peuple veillaient autour de ce palais,
pour en éloigner, non le danger, car il n'y en avait
pas pour le général, mais tout bruit de guerre et
de sédition. C'était Guillaume des Porcelets, seul de
tous les Français, échappant au massacre des Vèpres
Siciliennes. Il mourut au milieu de ces soins et de
cet intérèt, d'autant plus sincères, que l'armée, ou
plutôt la garnison française avait évacué Gênes, et
qu'il n'y restait de Français que la veuve et les filles
du général, uniquement occupées de leur douleur.

Ses funérailles furent plus magnifiques que si ses frères d'armes y eussent présidé. Tous les ordres de la ville, tous les corps religieux, l'état-major anglais y assistèrent; et l'on peut dire, après tant de preuves de respect et d'estime, que les cendres du général Montchoisy ne reposent pas sur une terre étrangère, et que sa tombe est un monument aussi glorieux pour les Génois, que pour les Français. Pour moi, je m'estime heureux d'avoir répandu quelques fleurs sur cette tombe qui ne devait pas rester ignorée.

Deux autres généraux qui étaient à Gênes, sous les ordres de M. de Montchoisy, y ont laissé, par la même conduite, les mêmes regrets : ils s'appelaient Morangier et Mouret. Dans leur reconnaissance, les Génois pour les désigner, ainsi que M. de Montchoisy, disaient avec complaisance : « Nos trois M. M. M. » Ils aimaient ainsi à confondre, dans la même dénomination et la même bienveillance, MM. de Montchoisy, Mouret, et Morangier. Ce dernier, ayant été nommé à un commandement très important à Paris, que tous ses camarades auraient regardé comme un poste de faveur, ne sollicita que pour son retour à Gênes, et ne fut heureux que lorsqu'il l'eut obtenu. Ces trois généraux sont connus par de beaux faits d'armes, en Égypte, en Suisse et en Italie, et marquent dans nos annales militaires; mais les trois M. M. M sont leur plus belle réputation, et resteront long-temps gravés sur les monuments de marbre de la superbe Gênes.

Je partis d'Alexandrie avec de nouveaux passeports
du maire de cette ville, M. Bacciochi, qui, depuis
dix ans, exerçait cette place avec autant d'habileté
que de douceur; il avait toujours su concilier ce
qu'il devait à ses administrés, avec ce que le gouvernement exigeait de lui. Je l'avais vu plusieurs fois à
Gavi, dans une de ses terres où il venait passer
la belle saison, pour y respirer l'air des montagnes.
J'avais rencontré chez lui mon ancien général, M. le
comte de Chasseloup Lanbat, aujourd'hui pair de
France, qui venait s'y délasser des travaux des fortifications d'Alexandrie dont il avait la direction en
chef. J'avais fait sous lui, dans l'arme du génie, la
malheureuse campagne de l'an sept, qui avait fini
pour moi par être fait prisonnier dans la citadelle de
Turin, vers laquelle je m'acheminais tristement.

La route était couverte de soldats français, origi-
naires du Piémont, des états de Parme et de Gênes,
qui venaient d'être licenciés et qui rentraient dans
leurs foyers. A Asti, j'en trouvai à l'auberge plusieurs
que j'avais envoyés moi-même à l'armée, et qui ne
s'y étaient rendus qu'après avoir été, pendant plusieurs mois, poursuivis par la gendarmerie. Ils étaient
partis quittant le collége et le séminaire, en maudis-
sant Napoléon, son gouvernement et tous ses agents.
Comme je les trouvai changés au physique et au moral!
L'éducation des camps avait détruit entièrement
celle des séminaires; de longues moustaches ombra-
geaient leurs lèvres que je n'avais vues qu'imber-
bes. Plusieurs s'étaient distingués par leur valeur,

et avaient obtenu la décoration. Ils ne respiraient que pour les combats et pour Napoléon. Ils avaient reçu à Fontainebleau ses derniers adieux qu'ils me répétèrent les larmes aux yeux. « Pourquoi, leur dis-je, quittez-vous le *métier* des armes que vous aimez tant aujourd'hui ? — Nous sommes licenciés ; d'ailleurs nous ne voulons servir que Napoléon ou notre patrie. » Nous dinâmes ensemble de bonne amitié ; ils avaient oublié les rigueurs que j'avais été obligé d'exercer contre eux. Ils me racontèrent tout ce qui venait de se passer en France ; je leur racontai ce qui s'était passé à Gênes. Au dessert, ils me dirent tous d'un ton plein d'assurance : « Napoléon sera à Paris dans un an ! » funeste prophétie trop cruellement accomplie.

Je trouvai la ville de Turin occupée des préparatifs d'une grande fête, unique dans ses annales, et se livrant à tous les transports de joie qu'elle devait exciter. Elle attendait son Roi, Victor Emmanuel et, avec lui, ses lois, ses coutumes, l'idiome de ses pères et son rang de nation qu'elle avait perdus. Quel plus beau cortége pour un souverain rentrant dans ses états ! quels dons plus précieux pouvait-il faire à son peuple ! Les principes et les intérêts révolutionnaires n'avaient pas jeté de profondes racines dans le Piémont ; la religion du peuple, l'influence des grands et du clergé, la noble fierté de l'armée, et plus encore l'amour et le respect de la nation pour son roi, les avaient toujours repoussés. Le Piémontais, naturellement superbe et belliqueux, s'était toujours indigné d'une domination étrangère. Il ne s'était jamais regardé comme réuni à la France, mais conquis par elle. Il attendait son indépendance des barrières que la nature avait opposées à cette prétendue réunion. Il espérait tout des Alpes et de son courage. Du fond de son île, le roi de Sardaigne, toujours chéri et desiré de ses sujets du continent, gouvernait son royaume et en dirigeait l'esprit. Il avait ses ministres, son armée, sa police qui agissaient avec d'autant plus de succès, qu'ils étaient plus invisibles. L'archevêque lui était surtout dévoué et s'honorait de son dévouement. La révolution, qui s'était opérée dans ce pays, n'était, indépendamment de l'action puissante et irrésistible de l'armée française, que l'ouvrage de trois hommes qu'on appelait les trois Charles, et qui, sous le protectorat de la France, exercé par le général Jourdan, en sa qualité d'administrateur général, osèrent occuper le trône de Charles Emmanuel. C'étaient trois jeunes savants, dont deux médecins, Charles Botta, Charles Julio et Charles Bossi. Ils auraient poussé bien loin le char de la révolution, si le général Jourdan ne les avait contenus. Ces trois roitelets, ayant été détrônés, furent réduits à solliciter des préfectures de troisième ordre en France, que Napoléon leur fit long-temps attendre. En descendant de ce trône, Charles Julio reçut, sur la place principale de Turin, une leçon plus qu'offensante, des mains d'un de ses sujets, sans doute peu content de son règne. On le consola de cette double disgrâce par la préfecture de la Sésia où il est mort fou.

Ses deux autres collègues, plus heureux ou plus sages que lui, exercent encore en France des places très importantes.

Le prince Borghèse, gouverneur général du Piémont, avait quitté Turin depuis quelques jours : il avait de suite fait sa paix avec toutes les puissances, pour rompre plutôt la chaîne qui l'attachait à Napoléon. Il s'était rendu agréable aux Piémontais par sa bonté, sa magnificence, et surtout par les égards et le respect religieux qu'il avait toujours eus pour le Pape, pendant sa captivité à Savone, qui dépendait heureusement de son gouvernement. On savait que, non content d'adoucir cette captivité, il eût voulu pouvoir la faire cesser et consoler toutes les religions alarmées : on lui savait gré, même du bien qu'il ne pouvait pas faire. Il eût emporté tous les regrets, s'il eût montré plus de volonté et de résolution. Il fut plus surpris qu'affligé de la chute de l'empereur; il avait volé vers Rome pour y retrouver son indépendance et le bonheur qu'il avait perdus, depuis qu'il était prince français.

La veille de son départ, il éprouva un contretemps qui, quoique très fâcheux, disparut d'une manière honorable pour lui et les banquiers de Turin. Avant de quitter le gouvernement général, il voulut connaître l'état de ses affaires domestiques et s'assurer par lui même qu'il ne laissait ni dettes ni créances. Il demande en conséquence son budget de l'année : on le lui présente; et il y voit un déficit de 5oo,ooo fr. A cette vue, il entre en fureur; mais il fallait trouver de suite des moyens. L'heure du départ était fixée ; il ne voulait pas la retarder, et cependant il voulait faire honneur à des engagements qu'il n'avait pas souscrits, mais qui avaient été contractés, quoique à son insu, sous la foi de son nom. Il fait déballer sa vaisselle qui était déjà sur les chariots, et la fait offrir aux créanciers. Ils sont assez généreux pour la refuser et ne pas vouloir profiter de sa position. Des banquiers de Turin apprennent son embarras et, malgré l'incertitude des événements politiques, et du sort qui était réservé au prince, ils lui offrent tous les fonds nécessaires non seulement pour payer ses dettes, mais pour fournir à tous les frais de son voyage. Je n'ai pas besoin de dire que les lettres de change qu'il leur fit, furent payées exactement à leurs échéances.

Ce prince n'a montré réellement du caractère que dans son éloignement pour sa femme, qui ne faisait rien pour diminuer son aversion. Cette princesse me rappelle une de ses sœurs que j'avais vue traversant les états de Gênes, quelques jours avant que je fusse forcé de les quitter. Elle évacuait alors, non son grand duché de Toscane, mais la principauté de Piombino ; car après avoir quitté Florence, elle s'était retirée à Lucques, croyant qu'on l'y laisserait régner tranquillement. Murat qui était alors à Parme avec son armée, lui avait donné cette douce assurance ; il s'était déjà déclaré contre Napoléon et se conduisait avec cette faiblesse de vue et cette légèrcté qui l'ont perdu. Vêtu presque à

l'orientale, il jouait le rôle, non d'un roi, ni d'un
général, mais d'un héros de théâtre dont il a eu
l'existence et la fin. Lord Bentink débarqué à Via-
rèse ne voulut pas ratifier la promesse que le roi de
Naples avait donnée à sa sœur. Chevalier peu cour-
tois, il lui signifia que son règne était fini, et qu'il
fallait déguerpir dans les vingt-quatre heures, si-
non qu'il la ferait sa prisonnière. Elle se mit donc
en fuite; son équipage était plus leste que magnifique. Je m'étais présenté à la portière de sa voiture
pour avoir des nouvelles de nos armées et de notre
situation politique. Elle m'en donna de trop rassurantes pour que je pusse les croire. D'ailleurs, l'inquiétude et l'agitation que je remarquai sur son
visage m'auraient ôté toute confiance. Elle ne me
cacha pas la conduite peu galante que lord Bentink avait tenue à son égard. « Dans ce moment,
me dit-elle, je serais sa prisonnière, si j'étais restée
à Lucques ».

Quelques mois auparavant, j'avais vu à Milan un
gentilhomme français devenu prince, régnant en
Lombardie et sur le pays vénitien, avec plus d'é-
clat et de succès que tous les autres membres de
la famille de Napoléon, sur les divers états dont
il les avait dotés. C'était le vice-roi Eugène de
Beauharnais. J'étais venu une fois plaider auprès
de lui la cause des pauvres paysans des monts ligu-
riens, faisant partie de mon administration, qui, ne
trouvant pas sur leurs montagnes leur subsistance,
sont accoutumés, depuis des siécles, à venir la

chercher dans les riches campagnes du Milanais. Ce sont les Auvergnats de l'Italie. Comme eux, ils sont fidèles, robustes, sobres et laborieux. La police impériale voulut considérer ces émigrations périodiques et forcées au-delà du Pô, comme des voyages à l'étranger, et obliger ces malheureux, mourants de faim, à prendre des passeports de 10 francs. Hors d'état de payer cette somme, ils n'en traversèrent pas moins le fleuve, et franchirent les frontières; mais ils furent arrêtés en masse et jetés dans les prisons. Ils m'adressèrent les plus touchantes réclamations. Je demandai en vain leur liberté aux autorités Italiennes. Les arrestations, les emprisonnements n'en continuèrent pas moins. Je volai à Milan auprès du vice-roi. Un général français dont toute l'armée connut les talens militaires et administratifs, la rare obligeance et la sagesse, le comte V***, qui avait toute la confiance du prince, et qui en faisait le plus noble usage, fut mon introducteur auprès de lui. Je fus reçus avec bienveillance. A peine eus-je fait l'exposé de la situation de mes pauvres montagnards, que leurs fers furent rompus. Cet acte de justice m'enhardit à soumettre au vice-roi une mesure qui prévint à jamais le retour de ces vexations, et qui conciliât en même-temps les intérêts de la police avec ceux de mes administrés. Cette mesure bien simple consistait à donner à ces émigrés rustiques une forme de passeport qui ne leur coûtât qu'un franc. « Je l'adopte, me dit le prince, et je vais faire écrire en consé-

quence aux ministres français ». En effet, le gouvernement fit fabriquer des passeports sur le modèle indiqué, et j'en délivrai par an plus de 6,000,
tandis que je n'en aurais pas distribué dix, si on les
avait tenus à dix francs.

Ces émigrations des habitants des monts ligu-
riens intéressent vivement la Lombardie, et sont
pour elle une véritable source de richesses. Ces
montagnards exploitent particulièrement les rizières
du Milanais. C'est par eux que prospère cette culture si riche et si insalubre; ils y prennent les fièvres
qui seraient mortelles, si l'air de leurs montagnes,
qu'ils viennent respirer, quand ils en sont atteints,
ne les guérissait souverainement. Ils trouvent le quin-
quina dans l'air des Apennins Tous les ans à la fin de
septembre, lorsqu'ils ont récolté leurs châtaignes,
et achevé quelques petites semailles de seigle,
hommes, femmes, enfants, descendent des montagnes, et s'acheminent au-delà du Pô. Le père
porte, dans un berceau suspendu à ses épaules,
les enfants qui ne peuvent marcher; la femme est
chargée d'une petite provision de farine de maïs
et d'un poêlon pour faire la *polenta* en route. Il
ne reste, l'hiver, dans les villages ensevelis dans
la neige, que le curé et quelques vieillards, qui
prennent soin des chèvres de toute la population.
Au mois de juillet, ils regagnent leurs montagnes
dans le même équipage, mais avec le petit pécule
qu'ils ont amassé en Lombardie. Ils font leur petite

moisson, fauchent l'herbe de leurs prairies, et retournent dans le Milanais. Ce sont ces émigrations périodiques, semblables à celles des hirondelles, que la police voulait considérer comme des voyages à l'étranger.

Dans ce voyage à Milan, je vis un portrait de Napoléon, qui, dans le temps, avait attiré l'attention de la police italienne autant que celle des amateurs des arts. Le peintre l'avait exposé le lendemain du jour que Napoléon avait été couronné roi d'Italie. Ce conquérant était représenté, la couronne de fer en tête, et avec tous les attributs de la royauté. Le tableau était excellent; mais ce qui le faisait le plus remarquer et excitait le plus la foule, étaient les quatre lettres suivantes que l'on lisait au bas : I. N. R. I. Tout le monde reconnaissait bien le monogramme de tous les crucifix, mais on ne savait en faire l'application, et la pensée du peintre échappait à tous les observateurs. Cependant on était généralement disposé à y trouver une satire sanglante, et à voir, dans la couronne de fer, la couronne d'épines du Sauveur. «Quelle audace!» disaient les courtisans. «Quelle vérité!» disaient les sages en pensant aux guerres et aux nouveaux ennemis que cette couronne allait attirer au nouveau roi. Au milieu de ces interprétations diverses, la police faisait rechercher le peintre, et elle le trouva aisément; car il ne demandait qu'à être connu, et à jouir de son ouvrage. Il paraît, et il donne cette explication aussi simple que vraie : «Les quatre lettres, dit-il, qui excitent tant de curiosité et de rumeur, désignent celui que j'ai peint et son nouveau trône.

IMPERATOR NAPOLEO REX ITALIÆ.

Tous les interprètes furent confus, et le peintre, qu'on croyait déjà dans une prison d'état, reçut des éloges et des récompenses.

Je ne voulus pas quitter Turin, sans embrasser mon ancien collègue à l'administration générale du Piémont, M. Dauzers, qui, depuis quatre ans, y exerçait les fonctions de directeur général de la police. Il s'y était marié très avantageusement et il desirait vivement s'y fixer au sein de sa nouvelle famille. Il devait craindre que sa place ne le rendît suspect au gouvernement du roi. Il se trompait; cette place lui obtint ses lettres de naturalité; il l'avait exercée avec tant de sagesse, qu'elle lui valut d'être excepté seul de la loi générale qui renvoyait du Piémont tous les Français, surtout ceux qui y avaient occupé des emplois. Cette honorable exception doit prouver combien le gouvernement du roi de Sardaigne est éclairé sur les hommes.

On désignait pour succéder à M. Dauzers, un homme bien animé de son esprit et qui était bien loin de penser qu'on pût s'occuper de lui dans la nouvelle cour : c'était M. le comte de Loddi; il était alors dans la retraite ou plutôt au fond d'une bergerie où il avait passé toutes les années de l'interrègne de Victor Emmanuel. Il avait été le créateur et le directeur de la bergerie de Chivasso, formée sur celle de Rambouillet, mais développée sur un plan plus vaste. Cet établissement agricole avait reçu, en 1810, le prix décennal, décerné à la plus belle exploitation rurale formée en France depuis dix ans. Cette couronne appartenait bien à M. de Loddi. Six mille mérinos étaient élevés par ses soins, sous le plus beau ciel et dans des prairies arrosées par les plus belles eaux. Cet immense troupeau était divisé et ordonné comme l'armée la plus régulière. J'ai parcouru cette bergerie dans tous ses détails, et je n'ai encore rien vu qui puisse lui être comparé. Une superbe manufacture de draps était attachée à cet établissement. On voyait la laine passer successivement du dos de l'animal dans les ateliers de cette manufacture, jusques dans les magasins où se vendaient les draps. De riches capitalistes des familles les plus nobles du Piémont avaient fourni les fonds et avaient formé cette société rurale et manufacturière, dont M. de Loddi était le directeur. Tandis que la plupart de ses associés suivaient la fortune, et briguaient les faveurs de Napoléon, dans ses antichambres ou dans celles de son beau-frère, le prince Borghèse, M. de Loddi, au milieu de ses brebis, jouissait de tout le bonheur du sage et restait fidèle à son roi.

Je sortis de Turin avec beaucoup de Français, négociants et employés. Le peuple bordait la haie, et ne donnait aucun signe de joie ni de regrets; jamais retraite ne fut plus heureuse; et l'on peut dire , en se rappelant François Ier à Pavie et Charles VIII à Fornoue , que, dans aucun temps de l'ancienne monarchie, les Français n'ont évacué l'Italie avec moins de dangers et d'obstacles de la part des habitants.

Parmi les Français qui regagnaient leur patrie, était le receveur général du riche département du Pô, M. Lhérable, qui exerçait tranquillement cette belle et bonne place depuis quinze ans. Il se trouvait si bien dans la résidence de Turin, que, quelques mois auparavant, il avait fait peindre sur les panneaux de sa voiture un *érable* avec ces mots : *Il est acclimaté.* On m'a dit cependant qu'il regrettait plus sa recette que l'heureux climat d'Italie.

A Turin, j'appris l'entrée du comte d'Artois à Paris. Je m'attachai moins à la description des fêtes et des transports de joie que cet événement excita dans la capitale, qu'à ce mot si heureux, si à la Henri IV, par lequel ce prince peignait la grande révolution qui le ramenait : « C'est un Français de plus, » répondait-il à toutes les députations accourues au-devant de lui. Ce mot, ou plutôt cet accent de l'ame d'un Bourbon, fut pour moi un rayon d'espérance et de lumière, au milieu des ténèbres dont j'étais encore environné.

Au Mont-Cenis, je fis mes adieux aux bons religieux qui m'avaient souvent donné l'hospitalité. J'embrassai dom Dubois leur supérieur, comme si je ne devais plus le revoir. Nous avions herborisé ensemble plus d'une fois autour du beau lac aussi riche en plantes

3

alpines qu'en truites exquises. Il me donna quelques
plantes de son herbier, et quelques oiseaux rares
des Alpes, qu'il avait lui-même empaillés. Je lui fis
des présens du même genre. Il en avait reçu de
plus magnifiques de Napoléon et de toute sa famille, dans leurs nombreux voyages au-delà des
Alpes. Il n'est pas jusqu'aux chiens de l'hospice dont
l'éducation et les services sont si utiles aux voyageurs surpris et égarés par la tempête, que je ne
caressasse en les appelant par leur nom.

Il y avait encore un petit camp français sur le
plateau du Mont-Cenis ; les tentes des soldats étaient
appuyées aux cellules des religieux, et ce voisinage
ou plutôt cette communauté d'habitations entre des
hommes d'habitudes et de goûts qui paraissaient devoir être si différents, n'avait rien d'incommode ni
pour les uns ni pour les autres ; car, outre que les
soldats français avaient toujours vénéré les solitaires
du Mont-Cenis, il s'était établi depuis long-temps
entre eux des rapports de bienfaisance et de gratitude,
que les circonstances n'avaient pas changés. D'ailleurs nos guerriers les estimaient comme des braves
qui affrontaient comme eux tous les dangers, non
pour donner la mort, mais pour conserver la vie de
leurs semblables. En effet, combien de fois surpris
par la tempête en traversant isolément cet océan de
glaces, ne les avaient-ils pas vus, précédés de leurs
chiens fidèles, un panier au col, venir à leur
secours à travers les précipices, et descendre dans
des abîmes pour les en tirer à demi morts ?

Transportés dans leurs bras à l'hospice, auprès de leurs foyers, ils avaient été ranimés plus par leurs soins, que par les cordiaux qu'ils leur avaient prodigués. L'établissement des moines de saint Bernard au Mont-Cenis honore cet ordre et rappelle les temps où il mérita si bien de l'agriculture, des sciences et de la religion. C'est après que la France l'avait chassé de son sein, qu'il était si utile aux enfans de France.

Je remarquai que nos revers avaient déjà produit un changement salutaire dans l'âme de nos guerriers. Le spectacle religieux qu'ils me présentèrent, en excitant toute ma surprise, fut un exemple de plus, que le malheur peut ramener à la religion l'homme de tous les états et de tous les âges. La cloche du couvent ayant sonné la prière dans ce désert, devenu une place d'armes, les soldats s'avancèrent en silence vers l'église et se mêlèrent à la foule des bergers et de leurs compagnes, qui avaient quitté leurs troupeaux pour ce devoir pieux. Le recueillement fut profond et général pendant tout le sacrifice. C'est là que j'ai entendu, pour la première fois depuis nos troubles civils, le *salvum fac Regem*, chanté par les pâtres des Alpes, et les soldats de Napoléon: ces voix mâles et guerrières, qui n'avaient jusqu'alors fait entendre que des chants de combats ou de victoires, me firent une impression que n'ont jamais pu me rendre les virtuoses de l'Opéra, dans tout l'appareil royal des fêtes de la basilique de Notre-

3 *

Dame de Paris. Mes yeux se mouillèrent de larmes, et je les sens couler encore, en retraçant cette scène religieuse, pastorale et guerrière.

Je crois devoir faire connaître le nom et la patrie du mortel bienfaisant, à qui l'humanité doit le rétablissement d'une institution qui l'honore et la console. Dom Gabet est ce mortel bienfaisant et généreux. Je l'ai vu souvent, à la tête de ses religieux, allant à la découverte des voyageurs, dans les moments de la tempête. C'était un homme d'une taille élevée, d'une physionomie douce, spirituelle et prévenante, d'une conversation pleine d'enjouement, d'une piété aimable et tolérante. Son courage était soutenu par une force de corps, que le séjour de ces montagnes aériennes avait cependant affaibli; il avait été dans sa jeunesse capitaine de dragons. Après avoir servi avec distinction son prince et sa patrie, il s'était dévoué au service de la religion et de l'humanité. Quelle plus noble manière de terminer sa carrière! Il est mort, il y a quelques années, au bas du Mont-Cenis, au village de la Novalèse qui était devenu une succursale de l'hospice. Dom Dubois, son élève et son compatriote, a été son digne successeur: pour exercer le ministère de bienfaisance, que lui a légué dom Gabet, le ciel l'a pourvu d'une constitution forte comme les rochers des Alpes, de l'âme la plus sensible, et d'un fonds d'activité et de vigilance inépuisable.

En traversant la plaine du Mont-Cenis, je me rappelai que Napoléon, quelques mois auparavant, voulait y faire bâtir une ville et y ériger un monument colossal qui perpétuât à jamais le souvenir de ses victoires; mais cette ville et ce monument n'étaient qu'un de ces projets gigantesques et chimériques, qui ont marqué la carrière de cet homme extraordinaire. Il ne s'élèvera jamais de ville sur ce plateau; on n'y verra jamais que d'humbles bruyères. Le rosage ferrugineux est l'arbuste le plus élevé qui puisse y végéter; et il n'y aura jamais, dans cette région des aigles, que quelques cabanes de bergers, qui ne peuvent les habiter, avec leurs petits troupeaux, que dans la belle saison qui n'y dure que trois mois; ainsi l'a voulu le Créateur, et l'homme ne changera jamais ses lois éternelles.

A mesure que je m'enfonçais dans les Alpes, je ne pouvais me défendre d'un sentiment d'admiration pour celui qui, élevé par la fortune sur le trône de Charlemagne, disait : « *Il n'y a plus d'Alpes,* » comme Louis XIV avait dit : « *Il n'y a plus de Pyrénées.* » Ces routes superbes, chefs-d'œuvre et triomphe de l'art sur la nature la plus sauvage et la plus rebelle; ces ponts, ces aqueducs suspendus sur l'abîme; ces énormes rochers transformés en portiques, attesteront à jamais sa puissance et ses hautes conceptions.

Ces grands ouvrages me rappelaient ceux que nous laissions imparfaits dans les Apennins; nous y rétablissions un des plus beaux monuments de la grandeur romaine, la voie Appienne, qui formait la communication entre Gènes et la colonie romai-

ne de Tortone. Napoléon, toujours avide d'attacher
son nom à de grandes et de glorieuses entreprises,
ne voyait dans celle-ci qu'un grand objet d'utilité
publique. Il voulait épargner aux voyageurs le
passage de la Bocchetta, ce défilé si difficile et si dangereux, élevé de plus de sept cents mètres au-dessus
du niveau de la mer, et fermé presque tous les
hivers par les neiges et les glaces qui augmentent
encore son élévation. La nouvelle route devait parcourir, sans effort, la vallée où coule la rivière
de la Scrivia, et franchir insensiblement, près la
commune de Buzalla, le col de Giovi qui n'a pas
quatre cents mètres de hauteur. Cette vallée est
aussi riante et aussi peuplée que la route actuelle de la
Bocchetta est sauvage et déserte ; elle présente, dans
tout son cours, les sites, les paysages et tout l'aspect intéressant d'une vallée suisse. La plus douce
température y règne constamment. A chaque mille,
on y trouve une population nombreuse et hospitalière. Cette route, me disait M. Desfougères, ins-
pecteur divisionnaire des ponts-et-chaussées, qui
était chargé de sa construction, sera ma plus belle
fille. J'avais obtenu de lui grâce pour un bel or-
meau, qui ombrageait la place d'Arquata, et sous
lequel se rassemblait la jeunesse les jours de fêtes.
Il allait tomber sous la sappe des pionniers, lorsque
je fis respecter sa vieillesse et les souvenirs qu'il rappelait. Cette route était faite aux trois quarts, quand
nous avons évacué la Ligurie ; et le roi de Sardaigne,
l'achèvera à peu de frais, pour l'avantage de Gênes

et le commerce d'Italie. Ce roi que Napoléon avait le plus dépouillé est celui qui, par une juste compensation, a recueilli la plus riche partie de l'héritage de ce conquérant.

« Paisibles habitans des villages d'Arquata, Isola, Ronco et Buzalla, vous serez peut-être moins heureux, lorsque la voie Appienne traversera de nouveau votre vallée; vous regretterez peut-être le temps où l'on cherchait en vain votre nom sur les cartes d'Italie. Des soldats viendront, dans vos chaumières, vous disputer et vous arracher la paille sur laquelle vous reposez. Si le voyageur vous apporte la richesse, il vous ravira d'autres biens plus précieux qu'elle, dont je vous ai vus jouir jusqu'à ce jour. Vous m'avez toujours accueilli avec bonté et confiance, quand je venais oublier parmi vous les travaux et les peines de l'administration. Si je ne vous ai pas fait tout le bien que j'aurais voulu, n'en accusez que le malheur des temps; agréez au moins ici tous mes vœux. »

Quoique loin du théâtre de la guerre, le village d'Arquata en avait éprouvé toutes les horreurs. Il avait été en 1796 un des foyers de la révolte des fiefs impériaux contre l'armée française. « La vengeance fut prompte et terrible, dit « M. Lacretelle jeune, dans son précis historique « de la révolution française. Douze cents hommes, « que le général Bonaparte avait détachés du siége « de Mantoue, entrèrent dans les fiefs impériaux, « montrèrent aux paysans attroupés leurs maisons

« consumées par les flammes, fondirent sur eux,
« les dispersèrent, et les firent assister au supplice
« de leurs chefs ». Oui, Arquata fut brûlé; et c'est
le général Lasnes qui fut chargé de cette expédition.
Ce village relevant de l'empire, avait toujours eu
un poste autrichien chargé de recruter pour cette
puissance, et qui, à la longue, semblait faire partie de sa population. Son seigneur immédiat, sous
le nom de marquis, était M. Augustin Spinola,
noble Génois, que j'ai assez connu pour ne pouvoir
prononcer son nom qu'avec respect et attendrissement. Il était trop sage et aimait trop les pauvres
habitants d'Arquata, pour les avoir poussés à la révolte contre une armée victorieuse. Ces paysans
avaient entièrement cédé aux insinuations des agents
de l'Autriche, qui, pendant que l'armée française
était occupée entièrement au siége de Mantoue,
crurent, par cette insurrection, faire une diversion
utile. La position de ces montagnes, avoisinant d'un
côté le Piémont, et de l'autre la rivière de Gênes,
favorisait ce dessein hostile que l'Autriche ne se-
conda pas. Ce n'est pas que les regrets, que ces
paysans donnaient à la perte irréparable qu'ils
avaient faite de leur seigneur, ne fussent bien ca-
pables de leur mettre les armes à la main pour
repousser la nouvelle domination. Son nom leur
rappelait tous les secours et les bienfaits d'un père,
comme il me rappelle toutes les vertus. Son fils,
Maximilien Spinola, marche sur des traces aussi
honorables, avec peut-être plus de talents et d'ins-

truction. Il est un des premiers naturalistes d'Italie. M. Faujas de Saint-Fond, membre de l'Institut, qu'il a reçu à Gênes, et son collègue M. Latreille l'ont dignement apprécié. Je l'ai vu dans son château d'Orero, situé au sommet d'une montagne, où loin des plaisirs de Gênes, il se consacrait à l'étude et à la contemplation de la nature. On avait voulu le faire auditeur au Conseil d'état, mais il aimait trop son indépendance et sa patrie pour accepter cette servitude.

L'aspect nouveau que me présentait la Savoie, depuis ses grandes et faciles communications avec la France et l'Italie, me confirmait dans les craintes que m'inspirait la nouvelle route de Scrivia, pour les populations qu'elle devait traverser et qui étaient si heureuses dans leur obscurité. Le luxe a pénétré dans la Savoie naguères si pauvre, et cependant si hospitalière; avec le luxe s'y est introduit l'appât du gain et l'insensibilité de l'égoïsme. Les mœurs y sont changées; les costumes aussi simples que les mœurs n'y sont plus les mêmes. Les physionomies mêmes ne respirent plus cette bonté, cette franchise naïve dont elles étaient empreintes. Ce peuple ne paraît plus si heureux, depuis que le commerce et la richesse l'ont visité. A ce tableau j'opposais celui que m'avaient offert ces paisibles vallées, lorsqu'en 1800, les traversant pour la première fois, la voiture publique, dans laquelle je voyageais, versa auprès du village d'Aiguebelle et tomba avec tous les voyageurs, hommes et femmes, dans un précipice qui bordait la route. C'était un jour de dimanche; tous les habitans d'Aiguebelle étaient à vêpres. A peine la nouvelle de notre accident eut-elle pénétré dans l'église, qu'ils en sortirent presque tous pour voler à notre secours. Leur pasteur les vit avec plaisir quitter la prière pour secourir leurs frères qui allaient périr; il leur avait appris qu'une bonne œuvre est plus agréable à Dieu qu'une oraison. Ils mirent tant de zèle et de dextérité dans les secours qu'ils nous donnèrent, que dans un instant, hommes, femmes, chevaux, équipages, furent retirés de l'abîme où sans eux tout serait resté enseveli; le pasteur lui-même était venu pour aider et encourager ses paroissiens. Ce n'étaient pas des étrangers qui avaient volé au secours d'autres étrangers, c'étaient des amis qui avaient volé au secours de leurs amis. Chacun de nous s'empressa d'offrir à nos libérateurs des marques de sa reconnaissance; mais ils les refusèrent tous unanimement. Nous fûmes cependant assez heureux pour laisser, entre les mains du curé, une somme assez considérable pour être distribuée à cette population pauvre et bienfaisante.

Ce village d'Aiguebelle, qui doit son nom aux belles eaux qui l'arrosent, m'était déjà cher, et je me faisais une fête de le visiter, avant que je dusse la vie à ses habitants. En 1793, j'étais dans un des hôpitaux militaires de Perpignan, malade des fièvres qui ravageaient alors l'armée des Pyrénées-Orientales; j'étais mourant dans le même lit avec un ami de mon enfance et de collége, qui était comme moi soldat dans un bataillon de notre département. Nos familles étaient dans les prisons, tandis que nous combattions pour la liberté. Nous aurions tous deux péri infailliblement de maladie et de chagrin, sans le secours d'une sœur hospitalière nommée d'Aiguebelle, qui était née dans ce village, dont elle portait le nom, d'une famille très distinguée; digne fille de saint Vincent de Paule, la religion et la bienfaisance l'avaient consacrée au service des malades. Elle nous prodigua tant de soins et de consolations, qu'elle nous rendit tous deux à la vie presqu'en même temps. Si elle vit encore pour le soulagement de l'infortune, puisse-t-elle agréer ici cet hommage tardif de souvenir et de reconnaissance!

A Modane, je rencontrai la mère de Napoléon, qui se réfugiait à Rome avec le cardinal Fetsch, sous une escorte autrichienne. Elle traversait paisiblement les Alpes; elle y recueillait même quelques marques de respect et d'intérêt, tandis que, dans la belle Provence, son fils, entouré des commissaires de toutes les puissances, n'échappait que par un déguisement à la fureur de quelques paysans qui, la veille, tremblaient à son seul nom, et qui n'auraient pas osé soutenir un de ses regards. Rois de la terre, ne descendez jamais du trône.

Le premier mai, à Chambéry, j'accompagnai aux Charmettes de J.-J. Rousseau deux jeunes époux, qui voyageaient avec moi, et qui s'étaient préparés à ce pélerinage par la lecture des Confessions, qu'ils avaient commencées à Turin et que la route n'avait

pas interrompue un instant. Malgré la connais-
sance des lieux, qu'ils avaient acquise par cette lecture, ils me prièrent d'être leur guide depuis l'auberge
où nous descendîmes, jusqu'au petit vallon, à mi-
côte duquel est situé l'ermitage devenu si célèbre. Le
mari, son livre à la main, montait le côteau des Charmettes dans un recueillement religieux : tel un musul-
man arrivant à la Mecque pour visiter le tombeau du
prophète. Il ramassait les cailloux, les plantes qu'il
trouvait le long du ruisseau. Ayant aperçu quelques
pervenches sous les buissons, il affecta le même mouvement de sensibilité qu'avait éprouvé J.-J. en re-
voyant, après trente ans, cette fleur qu'il avait à peine
aperçue, lorsqu'il se rendait pour la première fois aux
Charmettes avec sa bienfaitrice et son amie. Toutes les
pervenches furent cueillies et destinées pour l'herbier sentimental. Arrivé devant la maison après
maintes et maintes stations, il faillit se prosterner
sur le seuil de la porte, en prononçant ces paroles
tirées des Confessions : « Ici, commença le court
« bonheur de ma vie; ici viennent les paisibles, mais
« rapides moments qui m'ont donné le droit de
« dire que j'ai vécu ». Il lut ensuite le passage suivant du même livre, qui donne la description du lieu:
« Au-devant un jardin en terrasse, une vigne au-
« dessus, un verger au-dessous, vis-à-vis un petit
« bois de châtaigniers, une fontaine à portée. »—«Allons, dit-il ensuite à sa femme, allons boire à cette
fontaine où J.-J. venait tous les matins. » En effet
il dit lui-même : « Tous les matins en me levant j'al-

« lais à la fontaine avec un grand gobelet, et j'en
« buvais successivement, en me promenant, la valeur
« de deux bouteilles. Je fis si bien qu'en moins de
« deux mois, je me détruisis l'estomac que j'avais eu
« très bon jusqu'alors ». Pour imiter J.-J. Rousseau
jusques dans son amour de l'eau, mon compagnon de
voyage en but tellement à cette fontaine, qu'il en
fut malade jusqu'à Lyon. La femme, qui avait plus
d'esprit et de sens que le mari, en usa plus sobre-
ment. Elle était bien loin de partager son enthousiasme philosophique, et osa même lui dire, dans un
moment où il était le plus en extase : « Je n'aime
pas J.-J. depuis qu'il m'a appris lui-même qu'il
avait mis tous ses enfants à l'Hôtel-Dieu. » Cet argu-
ment, qui en valait bien un autre, le rendit furieux.
Je ne craignis pas de l'irriter encore, en prenant
part aux débats. « A vingt ans, lui dis-je, je pensais
comme vous sur J.-J.; à quarante ans je ne vois en
lui qu'un grand écrivain et le plus dangereux des
sophistes. Sa vie eût été plus heureuse, et sa célébrité eût moins coûté à la France, s'il n'eût orné du
charme de son style et soutenu de la chaleur de son
âme d'autre paradoxe que celui qui le fit couronner
par l'académie de Dijon ». Il ne répliqua pas, l'argu-
ment de sa femme l'avait attéré. Enfoncé dans un coin
de la voiture, il la bouda ainsi que moi, jusqu'au
moment où il ressentit les premières tranchées
occasionnées par l'eau de la fontaine des Charmettes.
  Au pont Beauvoisin qui était toujours resté pour
moi notre frontière, du côte des Alpes, malgré

l'extension gigantesque de notre territoire, je n'é-
prouvai pas ce tressaillement de joie que j'avais
toujours ressenti, dans mes divers voyages, en met-
tant le pied sur le sol de ma patrie. Je ne retrouvai
plus la France dans la France même. Je ne vis que
des Hongrois et des Autrichiens, dont le costume,
le langage et la figure effarouchaient et faisaient
presque disparaître le langage et le costume français.

A Grenoble, je vis M. D***, destiné à une trop
malheureuse célébrité, et à une fin bien plus malheureuse encore. Il était alors à la tête de l'école
de droit de cette ville, et au sein d'une famille dont
il faisait la seule espérance. Heureux s'il n'eût jamais songé qu'à éclairer une jeunesse studieuse et
à préparer le bonheur de ses enfants! Je vis aussi
son fils qui était sous-préfet de Grenoble : il se formait à l'administration sous celle de M. Fourier
préfet de l'Isère, membre de l'Institut d'Égypte et
de celui de France. J'avais connu M. D*** à Paris,
comme l'avocat des émigrés, et comme ayant été
très utile à beaucoup d'entre eux, dont il avait obtenu la radiation de l'honorable, mais fatale liste;
ce genre de clientèle lui avait donné des rapports
et même des liaisons avec les familles les plus dis-
tinguées du royaume, et les plus connues par leur
attachement aux Bourbons. Il avait toujours paru
partager l'opinion et les principes de ses illustres
clients. Il touchait à la vieillesse; il était d'une sta-
ture élevée; c'était un homme fin et adroit, habile

à présenter ou à mener une affaire, mais incapable de conduire une conspiration, et surtout de porter un coup de main. Je l'ai trouvé quelques mois après, à Paris, jouissant de la réputation du plus pur royaliste et occupant une place honorable au Conseil d'état. Cependant ceux qui l'observaient de près le voyaient passer successivement du salon de M. de Barentin, chancelier honoraire de France, dans celui du duc d'Otrante.

A Bourgoin, je me trouvai sur le passage du bataillon de la garde impériale qui se rendait à l'île d'Elbe. Ces braves suivaient dans l'exil leur général qu'ils avaient suivi dans tous ses triomphes. Ce beau dévouement avait quelque chose d'antique ou plutôt d'éminemment français : je conversai avec un officier de cette troupe d'élite qui me dit ces paroles remarquables. « Nous ne savons pas où nous « allons; mais nous savons que nous suivons la « fortune de Napoléon, et cela nous suffit. Que l'on « sème des embûches sur nos pas, que la mer s'en- « trouvre sous le vaisseau qui doit nous porter sur « une terre inconnue, nous mourrons contents, « pourvu que nous mourions pour lui et avec lui.» Que cette garde était belle alors de souvenirs et de gloire ! sa superbe tenue, son air martial que le malheur semblait relever encore, en imposaient aux Autrichiens répandus sur la route qu'elle parcourait. Un grenadier qui était resté en arrière, ayant pris querelle avec un soldat autrichien fut arrêté et retenu par la garde autrichienne. A peine le commandant du bataillon eut-il appris cette arrestation, qu'il envoya deux autres grenadiers pour réclamer leur camarade ; il leur fut rendu à l'instant.

Je partis de Bourgoin avec la douleur de ne pouvoir embrasser le précepteur de mon enfance, le mentor de ma jeunesse, le vénérable abbé Durand, à qui cette ville se félicite d'avoir donné naissance. Membre d'un ordre enseignant, il avait été, pendant longues années, à la tête d'un collége situé dans une petite ville du midi, sur les bords riants et argentés de la Cèse, où il a bien mérité de plus d'une génération : homme aimable, sensible autant que religieux, il nous ouvrait avec une sage circonspection le sanctuaire des sciences et des lettres. Il nous disait avec une sollicitude paternelle combien il est facile et dangereux de s'égarer sur les routes nouvelles qu'on leur a tracées. Il nous indiquait celles qu'il avait suivies lui-même et qui l'avaient conduit à la sagesse et au bonheur ; tel le vieux nautonnier, naviguant avec son fils, lui montre tous les écueils semés sur les mers qu'il doit parcourir. Poëte agréable, orateur distingué, il eût obtenu de la célébrité, s'il n'eût mieux aimé consacrer et borner tous ses talents à l'éducation de la jeunesse. La révolution ayant détruit son ordre et son collége, et n'ayant rien su mettre à leur place, il se réfugia dans sa ville natale, où il fut d'abord à l'abri de la tempête, et où ses compatriotes lui réservaient une retraite aussi honorable pour lui qu'utile pour eux. D'une voix unanime ils le nommèrent juge de paix, et il exerce encore aujourd'hui, au milieu des bénédictions générales, cette place qui convient si bien à son caractère. Un de nos plus célèbres philosophes ne desirait que d'être curé d'un village. Combien j'ai vu de belles âmes ambitionner une justice de paix ! M. Durand terminera, dans les douces fonctions de conciliateur des hommes, une vie dont le principe avait été consacré à leur éducation ; ses travaux ont toujours eu le même but et le même résultat. A l'approche de la première invasion, ses compatriotes, craignant quelque outrage pour ses cheveux blancs, avaient voulu qu'il se retirât dans cette ville du midi où il a laissé de si précieux souvenirs. Je fus d'autant plus affligé de ne pas le voir, qu'il est déjà très avancé en âge, et que, vivant toujours loin de lui, je ne dois pas être un de ses élèves qui recevront ses derniers soupirs.

A Lyon, j'appris l'entrée du roi à Paris et la grande fête de famille qu'elle avait amenée. Cet événement dissipa en grande partie les alarmes que me causait l'invasion du royaume, et l'occupation de la capitale. Je commençai à croire à la magnanimité des puissances et au triomphe de la légitimité : « le roi, me disais-je, ne sera pas rentré dans sa capitale, après tant d'années d'exil, de crimes et de malheurs, pour consacrer par sa présence, le démembrement de la France. » Cette réflexion me consolait ; je revis avec plus de plaisir les eaux limpides et azurées du Rhône, de ce fleuve qui baigne les murs de ma patrie, et qui

me les rappelle toujours, quoiqu'à une très grande
distance. Assis sur la rive droite, sous les beaux
peupliers de l'allée de Perrache, qui, en 1793, fut
le théâtre d'un beau fait d'armes de la cavalerie
lyonnaise contre les armées de la convention, je
chargeai ce fleuve, comme un courrier rapide, de
porter au rivage qui m'a vu naître, mes nouvelles
espérances et mes regrets de ne pouvoir aller le
visiter.

La ville de Lyon était exaspérée par l'occupation
des Autrichiens. Le passage de la garde avait donné
une nouvelle énergie à ce ressentiment qui occupait toutes les âmes. Cette ville, essentiellement manufacturière et commerçante, était agitée par des
idées de gloire et de fierté militaires, autant que pouvaient l'être nos villes guerrières, nobles boulevards de la France.

Pendant mon séjour à Lyon, je visitai l'atelier
du physicien M. Ferdinand Gensoul, à qui l'in-
dustrie française doit une découverte infiniment
précieuse. Il est l'inventeur des filatures de soie à
la vapeur. Son appareil, aussi simple qu'ingénieux,
a le double avantage d'économiser le combustible
et de donner à la soie une finesse et une beauté
qu'elle n'a jamais eues. Un fourneau suffit pour
vingt fileuses, tandis que, d'après l'ancien procédé,
il en faut un pour chacune; d'après le nouveau,
elles ne sont point exposées à être brûlées pendant
leur travail, elles ne perdent point de temps à allu-
mer et à attiser le feu, et elles peuvent s'occuper

uniquement du travail de la soie. La chaleur est toujours la même et réglée par un thermomètre. L'atelier est moins insalubre et jouit d'une température bien plus douce, ce qui est d'un avantage inappréciable dans nos départements du midi, où ces ouvrières étaient dévorées par les feux réunis de la saison et de la manufacture. Le Piémont, sur le rapport de l'académie des sciences de Turin, qui en a senti tous les avantages, et qui les a fait connaître aux propriétaires des grandes filatures, s'est empressé d'adopter la machine à la Gensoul; et ce n'est pas la plus légère obligation qu'il doit à la France.

J'avais déjà vu ce mécanicien dans les états de Gênes où j'avais parlé de sa belle découverte, et je l'avais accueilli comme un homme utile à son pays. Sa machine allait s'introduire dans toute la Ligurie, lorsque l'Italie s'est fermée pour nous. On jugera de l'importance de cette découverte pour nos fabriques, lorsqu'on saura qu'à Lyon, les soies filées à la Gensoul, se vendent un franc de plus la livre que celles filées d'après l'ancien procédé. M. Gensoul a reçu une médaille d'or du gouvernement; son nom a été proclamé parmi ceux des mécaniciens les plus distingués. Il est aussi aimable dans la société qu'habile dans son atelier, et intéressant dans sa famille (1).

A Fontainebleau, on me redit les adieux de Napoléon à son armée, et les circonstances de son départ

(1) M. Gensoul a eu la croix de la Légion-d'Honneur à l'exposition de 1823.

4 *

pour l'île d'Elbe. On me raconta bien des actes de
bassesse, d'ingratitude, de trahison de la part de
beaucoup d'hommes qui avaient été attachés à sa
fortune, et qui lui devaient leurs noms, leurs richesses et toute leur célébrité. Il fut presque toujours seul et abandonné pendant les dix jours qui
précédèrent son abdication; et cet homme avait vu,
pendant quinze ans, les peuples et les rois accourir
sur son passage, et ambitionner un mot ou un re-
gard de lui. Ses adieux à son armée, l'accolade qu'il
avait donnée à un de ses lieutenants, et qui, circu-
lant dans tous les rangs, était parvenue jusqu'au dernier soldat, avait laissé une impression profonde
d'une nature qu'il n'avait jamais produite. On croyait
alors à la sincérité de ces paroles à ses braves: « Ser-
« vez Louis XVIII avec le même courage et la même
« fidélité que vous m'avez servi. » Il y avait quelque
chose de grand dans cette première abdication;
tout est petit dans la seconde; je me trompe, il n'y
a pas eu de seconde abdication.

A la vue de Paris, des hauteurs de Villejuif, je
me dis dans une émotion profonde: « Le vaisseau de
l'état aurait-il volé en éclats avec le char de la victoire? La querelle de Carthage et de Rome serait-
elle donc de nouveau décidée! Pourrait-elle être cap-
tive et asservie, cette capitale des Français, cette
dominatrice ou plutôt cette législatrice du goût, des
opinions, des mœurs de l'Europe! Ces trophées de
gloire, ces colonnes de marbre et de bronze, ces
arcs de triomphe qui ornent toutes les places pu-

bliques, tomberaient-ils sous la sappe des soldats des nations dont ils annoncent les nombreuses défaites! Ce musée, le plus beau temple qui ait jamais été élevé aux arts, serait-il dispersé, et presqu'anéanti par cette dispersion! Non, non, m'écriai-je, la ville de Henri IV et de Louis XIV est éternelle comme leur gloire, et ne peut être humiliée sous les yeux de leurs petits-fils. »

J'entrai dans Paris au milieu de ces réflexions rassurantes. Des simulacres de fortifications, des créneaux, des palissades s'apercevaient tristement encore aux barrières. Elles étaient gardées par les Russes campés en dedans et en dehors des portes. A la vue de ces étrangers dont j'avais quelquefois admiré la valeur et toujours déploré les désastres, mais que je ne connaissais bien cependant que par nos victoires de Zurich, d'Austerlitz et de Wagram, il me sembla entrer à Moscou et voir bientôt renouveler dans Paris l'horrible et récente catastrophe de cette antique capitale; je fus saisi d'épouvante et d'horreur. Heureusement que ma route se dirigea vers le Pont-Neuf, et qu'en le traversant, je vis la statue de Henri IV relevée, comme par enchantement, à la même place où des forcenés avaient osé l'abattre. J'avais besoin de ce spectacle. Un peuple nombreux était autour de la statue et semblait l'invoquer. Je n'avais jamais trouvé dans la physionomie de ce bon roi autant d'expression, d'amour et de bienveillance. Je crus entendre sortir de sa bouche et de son cœur, ces paroles qu'il avait adressées à des officiers dont les soldats avaient pillé quelques chaumières dans la Champagne. « Quoi ! si on ruine mon peuple, qui me nour-« rira et qui soutiendra les charges publiques ? qui « payera vos pensions, messieurs ! Vive Dieu ! s'en « prendre à mon peuple, c'est s'en prendre à moi. » Idée ingénieuse et politique que celle qui avait placé sur le passage et sous les premiers regards de Louis XVIII, rentrant dans sa capitale, l'image de son auguste aïeul ! C'était offrir à la fois au roi un grand modèle, et au peuple un ami et un protecteur; c'était lier ensemble deux règnes faits pour se ressembler, et faire encore présider le chef des Bourbons aux des-tinées de la France et à celles de son auguste famille.

Je descendis rue Gilles-Cœur, où arrivent les voitures publiques du Piémont et de l'Italie. Mon hôte fut loin de m'accueillir avec empressement; il semblait que je venais augmenter les embarras de sa maison : « Mon hôtel, me dit-« il, est rempli depuis le rez-de-chaussée jusqu'au « comble, je n'en suis plus le maître, j'ai au moins « un régiment de Prussiens; cherchez un logement « dans les hôtels voisins. Si vous n'en trouvez pas, « je pourrai vous faire dresser un lit dans la cham-« bre de deux officiers prussiens qui paraissent « fort honnêtes et fort tranquilles. » Je parcourus tout le quartier, je cherchai en vain; tous les lo-gements étaient pris par les alliés; et je revins à mon premier gîte. On me fourra en effet dans la chambre des deux étrangers; heureusement qu'ils étaient sortis et que je ne les vis pas. A leur équipage épars sur le parquet, aux livres et aux papiers en langue prussienne que je voyais traînants sur les tables et la cheminée, je jugeai bien que j'étais avec deux officiers de la Landwehr. Sur leur lit était déroulée une carte de France de Cassini; ce bel ouvrage qui honore le gouvernement qui l'a conçu et le savant qu'il l'a exécuté, a fourni contre nous une arme bien redoutable. Ce monument d'une longue paix, qui ne devait être que l'honneur et le gloire de nos géographes et de nos astronomes, est devenu un terrible instrument de guerre. Sans lui, que de hameaux, que de villages, de villes même éloignées des routes militaires eussent échappé aux ravages de l'invasion! sans lui que de familles heureuses et paisibles au fond de leurs terres, n'eussent appris nos désastres que par la renommée! Par lui le théâtre de la guerre était partout. Cette carte sous les yeux, les étrangers avaient la statistique de la France, la plus exacte et la plus complète; pas un ruisseau, pas le plus petit bois, pas la plus légère éminence ne leur échappait; elle éclairait leur marche, facilitait leurs transports et leurs communications; c'était leur meilleure avant-garde. Aussi avec quel soin la recherchaient-ils! tous les corps qu'ils envoyaient à la découverte avaient ordre de se la procurer à quelque prix que ce fût; ils couraient à nos bibliothèques publiques ou aux cabinets de nos savants, avec la même avidité qu'aux bureaux des recettes de nos deniers publics. Cet

hommage rendu au travail d'un de nos savants a
coûté bien cher à la France. Pendant que je parcourais cette carte trop funeste, un de mes amis, à
qui j'avais écrit mon arrivée, et qui m'avait trouvé
un logement, vint me tirer heureusement de cette
caserne.

Le lendemain, en parcourant Paris, je me crus
transporté dans le camp général de l'Europe; ses
soldats inondaient nos rues, nos promenades, nos
places publiques, les portiques mêmes de nos tem-
ples; ses généraux remplissaient nos spectacles, nos
musées, nos bibliothèques. On me racontait que,
quelques jours auparavant, le jardin du Palais-Royal,
qui ne s'était jamais ouvert que pour des gens à
pied, était rempli de chevaux et qu'il présentait tout
l'aspect d'un bivouac de cavalerie. Cet assemblage
de nations et de peuplades diverses n'avait plus rien
d'hostile et de menaçant. Il n'était plus que morne
et farouche. Tout le despotisme de la discipline du
Nord pesait sur ces masses et les tenait passives et
obéissantes. Les commandants russes exerçaient le
droit de vie et de mort sur leurs soldats des rives
du Tanaïs. Ils les tuaient de leurs propres mains
à l'endroit même où ils avaient commis un délit.
J'ai vu moi-même un jeune officier de cette nation,
à peine âgé de dix-sept ans, de la taille et de la
faiblesse de corps d'un enfant, pouvant à peine
soutenir son épée, abattre à ses pieds d'un coup
de pistolet, pour avoir volé une livre de sucre, un
cosaque haut d'une toise, fort comme un Her-

cule, couvert de blessures et de décorations. Ces
terribles exécutions étonnaient et révoltaient même
les Parisiens, mais les rassuraient sur leurs per-
sonnes et leurs propriétés. Au milieu de la douleur
profonde dont me pénétrait le spectacle de la capitale, j'éprouvai une joie secrète à ne pas trouver
dans Paris l'armée anglaise; ce triomphe de nos
rivaux et de nos ennemis éternels, qu'ils avaient
acheté plus par leur or que par leur sang, eût été
encore plus odieux, s'ils y avaient ajouté leur présence. Ils étaient encore devant Toulouse, où le
maréchal Soult venait de leur livrer la bataille la
plus sanglante, mais la plus inutile.

La place que je venais de quitter en Italie ressor-
tissant du ministère de l'intérieur, je m'y présentai
pour rendre compte des derniers jours de mon
administration; je demandai à être présenté au ministre; mais on me répondit que je ne pouvais pas
paraître devant son excellence, avant d'avoir donné
mon adhésion au nouveau gouvernement. Je fus
flatté d'être traité comme un maréchal de France
déposant les armes, à la tête de son corps d'armée,
et jurant d'être fidèle à la dynastie des Bourbons.
J'étais libre de mes serments par l'abdication de Napoléon; je les avais tenus même au péril de ma vie;
j'avais soutenu les assauts d'une populace mutinée;
jusqu'au 22 avril où me parvint l'ordre de quitter
mon poste, j'avais fait respecter l'autorité qui m'a-
vait été confiée; je le répète, j'étais libre de mes
serments, et je m'empressai de jurer fidélité à

Louis XVIII. On verra si j'ai tenu ce serment comme celui que j'avais prêté à Napoléon.

Cet acte solennel d'adhésion, qui dès lors devint la règle de ma conduite politique, me rendit plus attachant le spectacle qui s'offrit à moi le même jour. Je vis toute la famille royale, pour ainsi dire, dans le même tableau. C'était le 27 mai : le ciel était calme et serein ; un vent léger répandait sur l'atmosphère tous les parfums du printemps ; la duchesse d'Angoulême allait à la rencontre de son auguste époux, depuis long-temps séparé d'elle par la guerre européenne ; la physionomie de la princesse, où domine ordinairement une teinte de mélancolie, était animée par la joie et l'espérance. C'était peut-être le plus beau jour d'une vie jusqu'alors si infortunée. Son équipage, pour être plus rapide, n'était que d'une élégante simplicité. Après tant d'exils et d'écueils, elle allait enfin recevoir son époux dans le palais de leurs pères. Le duc de Berry allait aussi à la rencontre de son frère avec un cortége aussi magnifique que nombreux, de généraux et de maréchaux de France. C'était l'armée française allant au devant d'un fils de France. Bientôt après, le duc d'Angoulême fit son entrée, monté sur un cheval blanc, au milieu d'un peuple immense qui se déployait sur les deux rives de la Seine. Je vis ce prince, au moment où, débouchant par la rue du Bac, le Louvre et les Tuileries frappèrent ses regards. Comme il était profondément ému! Des larmes coulaient de ses yeux, il ne pouvait suffire

à toutes les démonstrations de la joie publique, et
à tous les sentiments qu'il inspirait et qu'il éprou-
vait lui-même. Pour couronner ce tableau, le roi
et son auguste frère étaient au balcon du pavillon
de Flore, et tendaient les bras à leur fils en parta-
geant son émotion. Gérard, reprends tes pinceaux,
voilà une autre entrée d'Henri IV.

Le prince arrivait de Bordeaux, la première ville
de France qui avait osé reconnaître et saluer le drapeau
blanc, au moment où les débris encore formidables
de nos armées d'Espagne et de Portugal occupaient
presque son territoire; mais la Roche-Jacquelein,
sans armes et presque dans les fers, était à Bordeaux, et M. le comte de Lynch était maire de cette
ville. A leur exemple, plus qu'à leurs voix, trois
cents hommes de toutes les classes s'équipent, se
montent et vont au devant du fils de France. Ils
traversent la ville au milieu des applaudissements et
des vœux de toute la population. Leurs cocardes
blanches sont encore invisibles, ils ne veulent les
arborer que sous les yeux du prince, et à la vue du
panache de Henri IV. Combien je regrette d'ignorer
le lieu où la députation rencontra le petit-fils de
St.-Louis! Plus heureux que moi, l'historien de cette
belle journée pourra le citer glorieusement et le
recommander à la postérité. Ce que je sais bien,
c'est tout ce qui se passa de touchant et de magnanime dans cette première entrevue. Quelle joie pour
le prince, en se voyant enfin, après un si long exil,
au milieu de Français si dévoués! quel bonheur

pour les Bordelais de contempler les traits de leur
libérateur dont tous les regards se portaient avec attendrissement sur la Roche - Jacquelein et M. de
Lynch, illustres auteurs de cette réunion.

Le duc d'Angoulème impatient de se trouver au
sein de la ville de Bordeaux, qui tout entière s'a-
vance vers lui, se met à la tète du bataillon d'élite.
Il faut connaître la vivacité démonstrative des habitants du midi, leur imagination active et brillante,
la gaîté franche et naïve de leurs fètes, pour se
faire une idée de l'entrée du prince à Bordeaux. On
voyait, on recevait pour la première fois le petit-fils
du Béarnais ; et on le reçut à la béarnaise. Après avoir
joui de tant de transports de joie, il se rend avec le
plus brillant cortége à la cathédrale pour rendre au
ciel des actions de gràces. Le lendemain, des soins
graves et politiques occupèrent le prince; un jour
de fète pouvait être suivi d'un jour de combat. Tout
entier à cette pensée, il forma autour de lui un
conseil d'hommes sages et habiles : il y appela
MM. Laisné, Ravez, de Martignac, le comte de
Marcellus, Dussumier-Fonbrune, et de Peyronnet.
Quel rare bonheur de trouver de suite, dans la même
enceinte, des hommes d'un mérite si éminent et d'une
fidélité si éprouvée!

Le fils de France avait traversé une partie de
l'Espagne avant de se rendre à Bordeaux. Les Espa-
gnols, encore en armes pour briser les fers de leur roi
encore captif à Valencey, l'avaient accueilli comme
un digne membre de cette auguste famille des Bour-

bons, pour laquelle ils combattaient avec un dévouement et une constance qui faisaient l'étonnement et
l'admiration de l'Europe. Ah! si jamais la révolution française pénétrait en Espagne, si Ferdinand
était menacé du sort de notre roi martyr, comme,
pour prix d'une aussi généreuse hospitalité, notre
prince, à la tête d'une armée française, aurait bientôt franchi les Pyrénées, et volé au secours d'un
parent malheureux! Le duc de Berry, son illustre
frère, à la tête d'une autre armée française, con-
courrait à cette noble entreprise, avec toute l'ardeur
et la loyauté de son caractère. Les deux frères,
ayant fait leur jonction à Madrid, et brisé les fers
du roi, s'embrasseraient en disant : *Il n'y a plus de
Pyrénées.* Cette belle expédition verrait terrasser
le monstre des révolutions entre les colonnes d'Her-
cule, avec la massue de ce demi-dieu (1).

Cependant le nom de l'empereur de Russie, remplissait toutes les bouches de la renommée; il était
devenu tout à coup populaire comme celui de Napoléon. Il retentissait dans les salons, dans les ateliers de la capitale, comme dans les chaumières de
nos provinces qu'il avait traversées. Avant le 31
mars, les Parisiens ne voyaient dans les Russes qui
s'avançaient, que les mêmes hommes qui, sous le
général Suwaroff, avaient pris et pillé un des fau-
bourgs de Varsovie et passé au fil de l'épée ses

_____

(1) Un seul fils de France vient de remplir cette grande mission.
(Note de l'Éditeur.)

malheureux habitants. Mais le 31 mars leur apprit
que ce n'était plus le terrible et implacable Suwaroff
qui était à la tête de l'armée russe, mais le héros du
Nord, le modèle des guerriers et des rois, Alexandre,
plus digne du nom de Grand que le conquérant de
l'Asie On craignait que justement irrité, il ne vînt
exercer d'horribles vengeances, et mêler les cendres
de Paris avec celles de Moscou. On ne connaissait
pas sa grande âme, où plutôt on l'avait calomniée!
Alexandre n'aspirait qu'au titre de pacificateur de
l'Europe et il l'a obtenu. Rien de plus auguste et de
plus touchant que son entrée dans Paris. On le
croyait armé de la foudre, et il n'a dans ses mains
que l'olivier de la paix. Il l'offre lui-même aux Parisiens en leur annonçant qu'il ne leur ramène que
leurs princes légitimes. A cette nouvelle, l'allégresse
universelle succède à la terreur et à la consterna-
tion. On se précipite au devant du magnanime Alexandre. On le voit avec attendrissement élever ses
mains vers le ciel et remercier le Dieu des armées
d'avoir enfin conduit l'Europe aux termes de ses
travaux et de ses dangers. Ami noble autant que
fidèle, il embrasse le roi de Prusse qui était à ses
côtés et lui dit avec la plus profonde émotion : « Le
sang ne coulera plus. »

Ce n'est plus le guerrier, c'est le souverain le
plus généreux; il accueille, il console, il encourage;
où l'eût dit à Saint-Pétersbourg au milieu de ses
peuples. L'admiration et la confiance sont au comble;
les alliés ne sont plus pour les Parisiens que des

hôtes paisibles; les cosaques campent aux Champs-Élysées, sur les bords de la Seine; mais plus disciplinés que sur les bords du Tanaïs, ils n'excitent que l'étonnement et la curiosité.

Les soldats russes, dans l'accueil qu'ils recevaient des Parisiens, se ressentaient de la reconnaissance que l'on portait à leur empereur. Les Autrichiens et les Prussiens voyaient d'un œil d'envie, qu'ils n'étaient pas aussi bien traités. La conduite de leurs souverains, dans les deux dernières campagnes, était cause de cette différence de traitement. Les amis de Napoléon se rappelaient trop que le roi de Prusse avait donné aux alliés le premier exemple de défection; que l'empereur d'Autriche avait suivi ce même système de défection contre son gendre, sa fille et son petit-fils, et qu'en les abandonnant, il les avait accablés tous les trois; les royalistes ne pouvaient pas lui pardonner d'avoir donné sa fille à un soldat devenu empereur, et de l'avoir introduit, comme Louis XIV et Louis XVI, dans la famille des Césars.

L'enthousiasme général, les acclamations qu'excitait l'empereur de Russie, toutes les fois qu'il paraissait en public, me portèrent sur la route qu'il parcourait habituellement. Je voulus le voir, et je le vis avec cet intérêt qui s'attache naturellement aux hommes et aux événemens contemporains qui doivent laisser de grands souvenirs historiques. Il traversait à cheval les Champs Elysées pour se rendre à la plaine des Sablons, où il devait passer la

revue générale de son armée: la rapidité de sa
course ne me permit pas de le considérer; d'ailleurs
on ne l'aurait pas distingué des généraux et même
des simples colonels qui l'entouraient. Après avoir
vu le général, je ne fus pas tenté d'aller voir son
armée, ni la revue qu'on disait devoir être superbe;
plus ce spectacle eût été beau, plus il m'aurait rap-
pelé notre armée dispersée et presqu'anéantie, mais
toujours imposante et respectée.

Quelques jours après, je vis l'empereur d'Autriche, non à la tête de son armée, mais dans une
retraite qu'aime le sage, que fréquentent le savant et
le penseur solitaire, qui y trouvent une source toujours nouvelle de méditations profondes. C'était au
Jardin des Plantes. Je le vis dans les serres, entouré
de MM. Desfontaines, de Jussieu et Thouin, professeurs de botanique. Il conversait avec eux comme
un simple botaniste qui connaît et cultive les plantes;
et j'aimais mieux le voir au milieu d'elles, qu'entouré des baïonnettes qui l'avaient porté à Paris.
Ce contraste de situation et de goût avait quelque
chose d'intéressant. Le prince donnait les plus
grands éloges aux professeurs, sur l'ordre et la
méthode avec lesquels ils avaient classé ces innom-
brables végétaux. Il leur parlait de son superbe
jardin de Schœnbrunn, comme s'il l'avait sous les
yeux, leur nommait les plantes les plus rares dont
il l'avait enrichi, leur décrivait ses serres, la manière dont elles étaient chauffées et éclairées, entrait
même dans les détails et le mode de culture. Il sa-

vait tout ce que la botanique doit à Bernard Jussieu,
et il se plaisait à s'entretenir avec son neveu, du système des familles naturelles, qu'il a créé et que presque toutes les écoles ont adopté. L'intérêt que cette
rencontre extraordinaire m'inspirait, augmenta encore , lorsque j'entendis ce prince dire, avec un
air de satisfaction intérieure , ces propres paroles :
« J'ai en particulier un petit jardin et une petite
« serre que je cultive moi-même; j'ai ma bêche ,
« mon rateau, et lorsque je peux avoir assez de
« loisir pour y exercer mes bras, je suis presque aussi
« heureux que vous. » Il demanda, mais à titre
d'échange , des plantes et des arbustes qu'il n'avait
pas, pour être transportés à Vienne. J'ai su depuis
par les professeurs, que l'échange avait été très
avantageux à leur jardin; car il avait envoyé le
double de ce qu'on lui avait donné , et en plantes
plus rares que celles qu'il avait reçues. Trop heureuse la France, si, dans ses derniers traités avec
ce prince, nos finances eussent été traitées aussi
bien que notre jardin botanique!

Un de nos auteurs vivants, penseur aussi profond qu'écrivain original, dit que cette simplicité
habituelle des princes du nord, leur donne une popularité dont les événements de 1813 et de 1814
ont démontré tout l'avantage. Elle fait, dit-il , des
hommes plus heureux et des rois plus forts.

Quelques jours avant cette visite, aussi honorable
pour les professeurs que pour l'établissement dont
ils sont les directeurs, le Jardin des Plantes et toutes

5

ses riches collections avaient couru de grands dangers ; un corps de Prussiens voulait y pénétrer de
force et y prendre des logements. On leur oppose de
la résistance, on ferme les grilles ; mais les assié-
geants n'en deviennent que plus intraitables ; les officiers prussiens ne peuvent plus contenir leurs soldats. Un savant prussien les arrête ; M. Humboldt,
aussi connu par ses voyages et ses découvertes, que
son frère, par ses traités et ses négociations diplo-
matiques, eut la gloire de conserver le Muséum
d'histoire naturelle, le plus vaste et le plus com-
plet de l'Europe. Appelé par les professeurs dont il
était l'ami depuis longues années, il vole au secours
du Jardin, invoque, auprès des soldats, son nom et
celui de son frère, leur parle leur langue et finit
par les apaiser ; il demanda et obtint une sauve-
garde pour ce précieux dépôt.

Le collége de la Flèche ne fut pas aussi heureux,
pendant l'occupation de la Normandie et des provinces adjacentes, par les Prussiens. Un jeune officier de cette nation, qui avait été élevé dans ce
collége, commandait un détachement qui était envoyé pour prendre possession de cette ville et s'y
établir. Les professeurs, sachant que leur élève
s'avançait vers eux, étaient dans la plus parfaite sé-
curité, et se félicitaient d'une circonstance aussi
heureuse. Ils croyaient même que le jeune officier
avait sollicité cette mission pour la remplir en ami
du collége. Ils furent cruellement trompés : ce jeune
commandant méconnut le lieu où il avait passé son

enfance et les hommes qui avaient été ses institu-
teurs et ses amis : il méconnut même ses condisci-
ples. Il venait porter le fer et le feu dans cette seconde patrie ; tant les haines nationales excitent de
fureur et de barbarie ! On l'apaisa cependant, mais
il se conduisit toujours en ennemi et en vainqueur.

Ce collége de la Flèche, une des belles fonda-
tions de notre bon Henri, a vu exercer dans son
sein une mesure terrible du gouvernement impérial, qui contrastait bien avec les intentions pater-
nelles de son fondateur. Ce collége était devenu la
maison de réclusion de tous les enfants d'Italie et de
la Dalmatie, qui appartenaient à de grandes familles
et qui étaient destinés à hériter d'un nom illustre ou
d'une grande fortune.

Napoléon voulait des otages, et il les avait choisis
dans l'âge le plus intéressant et le plus chéri. On
avait enlevé ces enfants à l'amour et aux caresses de
leurs mères, à la vigilance et à la sollicitude pater-
nelles, pour les livrer, loin du pays natal, à une
éducation militaire que leur âge et leur constitution
ne pouvaient pas supporter. Je me trouvai à Gênes
au premier départ de ces enfants ; ce fut un jour de
désolation et de deuil général. Le peuple partageait
la douleur des patriciens. Deux mères, mesdames
Doria et Palavicini, se firent remarquer par leur
douleur et leur désespoir. Elles avaient chacune
un fils unique, qui était marqué pour otage. Le
jeune Doria, fils d'Ambroise, descendait, en ligne
directe, du fameux André Doria, le libérateur et le

législateur de Gênes. Les ancêtres de Palavicini n'étaient pas moins illustres; son père était d'ailleurs le plus riche patricien de la Ligurie. Les deux mères de ces deux enfants ne purent se séparer de leurs fils : elles les accompagnèrent à la Flèche, et s'y fixèrent pendant tout leur exil. Combien de dames romaines, d'autres Cornélies suivirent cet exemple!

L'amitié et la reconnaissance m'attachaient à une de ces maisons de Gênes, à laquelle on avait pris les deux fils qu'elle possédait. C'était la famille Negrotti, qui a ce beau palais de marbre situé sur la place de l'Annonciata. La douleur de la mère était plus concentrée et peut-être plus profonde que celle des dames Palavicini et Doria. Le préfet, homme ferme, mais juste et humain, osa tout tenter pour soustraire les deux enfants au fatal départ : il représenta qu'il était de toute justice d'en laisser un à ses parents; que l'aîné devait sauver le plus jeune, d'ailleurs incapable de supporter une si longue route; tout fut inutile, un décret les avait marqués pour otages, nulle force humaine ne put les rayer de la liste. C'était la conscription de l'enfance, plus dure et plus despotique que celle de la jeunesse. J'adoucis, autant qu'il fut en moi, l'affliction de M. et Mme Negrotti, par la correspondance que j'entretins avec M. le sous-préfet de la Flèche, à qui j'avais recommandé ces deux enfants, et qui me donnait régulièrement de leurs nouvelles. Je dois dire ici que tous ces exilés de l'Italie et de la maison paternelle

furent bien traités dans ce collége; que les professeurs surent les consoler et les instruire tout à la
fois, et que beaucoup d'entre eux ont emporté leurs
regrets et leur reconnaissance. C'est ainsi que l'amé-
nité française et la religion surent adoucir une mesure si révoltante. L'aumônier surtout, M. Boyer, se
distinguait auprès de ces intéressans otages, par les
soins les plus empressés et les plus tendres; il était
le correspondant de toutes ces familles, et le mentor
et l'ami des enfants. Le Pape a acquitté envers lui la
reconnaissance publique, en lui décernant la décoration de l'éperon d'or. Il est dans ce moment aumônier du 1er régiment de la garde royale.

Jeune encore, et voulant continuer une carrière
que j'aimais, et que je parcourais depuis vingt ans,
je retournai au ministère, espérant de voir enfin le
ministre; mais il avait adopté un système d'invisibi-
lité fort commode pour lui, et je ne pus l'approcher.
Un des chefs de division, son premier commis, qui
le suppléait parfaitement, tenait, ce jour-là, l'au-
dience hebdomadaire. Je m'y présentai; je me
trouvai avec plusieurs de mes collègues de Rome,
d'Amsterdam, de Gènes et de Turin. Nous étions
debout dans une antichambre où je n'aurais pas lan-
gui long-temps, lorsque le chef de division vint à
nous d'un air aimable et presque empressé. C'est un
homme d'esprit et de talents, qui en avait la réputation avant même d'avoir abordé la tribune de la
Chambre des députés, où il s'est fait remarquer. Sa
physionomie très mobile, respire la finesse; ses

manières sont polies, son élocution est élégante et
facile. Confondu dans la foule, et assez embarrassé
de mon rôle de solliciteur, je le considérai attenti-
vement, lorsqu'après avoir fait circuler quelques
paroles vagues d'espérance et de consolation, il
répondit à toutes les demandes par cette parabole,
tirée, non de l'Évangile, mais de la plus fine bureau-
cratie : « Dans ce temps-ci, nous dit-il, le nombre
« des solliciteurs est semblable à une volée innom-
« brable de pigeons, et le nombre des places égale
« à peine quelques grains de millet que se disputent
« ces oiseaux; dire quels seront les pigeons assez
« heureux pour attraper le grain de millet, c'est
« impossible, impossible. » J'aurais trouvé la com-
paraison assez juste, si le chef de division, au lieu
de jeter le grain à la volée, ne l'avait placé sous le
bec des pigeons qu'il voulait favoriser. Lui aussi a
eu une carrière assez chanceuse, quoique assez brillante. Après avoir frisé plusieurs fois le ministère,
auquel son habileté et sa longue habitude des affaires
l'appelaient, et qu'il aurait sans doute conduit mieux
que beaucoup d'autres qui y sont parvenus, son
département l'a nommé deux fois à la Chambre des
députés, où il figure au côté droit.

Je vis enfin le ministre, et, ce qui me parut assez
étrange, mon introducteur auprès de lui fut un officier inconsolable de la chute de Napoléon, et qui
s'était distingué, le 30 mars, à la défence de la butte
Montmartre; mais ce qui me surprit davantage, fut
de voir dans sa confiance intime un homme qui dif-

férait avec lui de religion, de principes et de doc-
trines politiques.

Je pénétrai jusqu'à son excellence par une porte
dérobée; c'était à son lever, et elle était encore en
robe de chambre et en bonnet de nuit. J'espérais
beaucoup de cette bonne fortune; son accueil simple
et gracieux ajouta encore à cette espérance. Je vis
un homme d'environ soixante ans, d'une taille
haute, d'une physionomie douce, d'une complexion
faible et valétudinaire. Il causa avec moi familière-
ment, et presque avec bonhomie. Ce ministre ne
me parut plus avoir ces facultés brillantes qu'une
noble et courageuse opposition lui avait fait déve-
lopper au commencement de la révolution. Il paraissait succomber autant sous l'ennui que sous le
poids des affaires, et ne soupirer qu'après la retraite
et les doux loisirs; on eût dit qu'il avait fait un grand
sacrifice à la patrie en acceptant le ministère. Nous
étions au fort de l'été, la chaleur était brûlante, et
cependant je trouvai monseigneur occupé à tison-
ner, pour accélérer l'ébullition d'une cafetière où
se préparait une infusion. Je lui exposai succincte-
ment ma situation, et le desir que j'avais de consacrer au service du roi les fruits de mon expérience.
Il m'écouta avec distraction, garda un instant le
silence; puis, les yeux toujours fixés sur la décoction
qui était sur le feu, et qui l'occupait plus que tout
ce que je lui avais dit, il me répondit avec humeur :
« Je suis assiégé par les gens d'esprit et de mérite, et

Je ne sais comment me dérober à leurs poursuites. »
A ces mots, je pris presque la fuite.

Pour me distraire de l'ennui de toutes ces visites d'affaires et d'étiquette, je me mis à la recherche d'une dame de Gênes, Mme de B***, distinguée par sa naissance, son esprit, et l'influence qu'elle exerçait sur toute la Ligurie; mais elle n'était plus à Paris. Elle avait suivi Marie-Louise à Blois dans les derniers jours de la régence, et avait fini par l'accompagner à Vienne. D'abord dame d'honneur de l'impératrice Joséphine, elle s'était attachée ensuite à la nouvelle épouse. Avant d'être appelée à Paris, à l'époque de la réunion de Gênes à la France, elle dirigeait les affaires de la république; aussi les Génois l'appelaient-ils la reine *Annette;* elle n'avait pas été étrangère aux diverses révolutions qui avaient agité son pays, et dont tout le résultat avait été de tomber dans le gouffre du grand empire. Le gouvernement de Gênes anéanti, elle suivit le pouvoir en France. Ambitieuse, adroite, insinuante, prenant toujours la couleur dominante avec la promptitude et l'habileté italiennes, elle avait acquis du crédit auprès des ministres. Élevée dans la politique par les maîtres les plus habiles, elle avait passé sa jeunesse dans un temps et dans une ville révolutionnaires par essence. A Paris, elle s'était liée avec les hommes les plus marquants à la cour et dans le gouvernement, et s'était surtout attachée à M. de Talleyrand, qui goûtait beaucoup son genre d'esprit et de conduite. J'avais vu chez elle, un homme qui avait eu la plus grande part aux révolutions de Gênes : c'était M. Jacques Serra, issu d'une des plus anciennes et des plus illustres familles de la République. C'eût. été à la tribune le Mirabeau de la Ligurie. Obligé de se réfugier à Milan, dans un moment de revers de son parti, il avait, par ses feuilles périodiques, exalté toutes les têtes de ses compatriotes. Le crédit de Mme de B*** le fit nommer à l'ambassade de Dresde. Sa mort arrivée en 1814, dans cette capitale de la Saxe, a été long-temps un secret diplomatique. Il a laissé plusieurs ouvrages estimés. Un de ses frères, Jérôme Serra, s'est fait remarquer après lui par la résistance qu'il a voulu opposer à la décision du congrès de Vienne, qui a donné Gênes au roi de Sardaigne. Cette opposition a eu quelque chose de patriotique. Il est l'auteur de cette fameuse protestation adressée à toutes les puissances contre la réunion. Il s'est montré courageux et éloquent; et qui ne le serait pas, quand on plaide pour l'indépendance de sa patrie !

A Vienne, Mme de B*** avait voulu, mais en vain, être utile à son pays. Les Génois avaient choisi son fils pour plaider leur cause au congrès, mais ils comptaient plus sur l'habileté de la mère, que sur les talents du fils.

Ils avaient envoyé en même temps une députation à Londres, pour intéresser en leur faveur le parlement ou, du moins, la chambre des communes. Un de leurs députés était M. Pareto, ancien maire de Gênes, l'homme le plus capable et le plus

digne d'une pareille mission; esprit, adresse, politique profonde , richesse immense pour un particulier, il réunissait tous les avantages que l'on peut
desirer dans un négociateur. Il avait protesté solen-
nellement contre la réunion de la Ligurie à la France,
il avait osé voter négativement contre l'élévation de
Napoléon à l'empire. Toujours conséquent à ses
principes, toujours fidèle à son pays, il venait pro-
tester et agir contre la réunion de Gênes au Piémont.
Mais ni les talents de M. Pareto, à Londres, ni les
sollicitations puissantes de Mme de B***, à Vienne ,
ne purent arrêter, ni même suspendre, le coup mortel qui devait être porté à l'antique gouvernement
de Gênes. Il était décidé que toutes les républiques
devaient finir au congrès de Vienne. Des républiques
oligarchiques étaient cependant moins dangereuses
pour le repos de l'Europe, que plusieurs gouver-
nements modernes reconnus par le congrès.

Avant cette mission diplomatique d'un si grand
intérêt, le fils de Mme de B***, à peine sorti du collége
des auditeurs, avait succédé dans la préfecture de
M***, à M. de C***, appelé à celle de la S***; il n'aurait pas fait oublier le préfet le plus médiocre;
pouvait-il remplacer celui qui a laissé à Savone de
nombreux monuments de l'administration la plus
heureuse et la plus brillante? Avant d'entrer dans la
carrière administrative, M. de C*** s'était distingué
dans celle des ingénieurs; il a attaché son nom, en
cette qualité, à l'expédition d'Égypte. Devenu préfet, fut encore souvent ingénieur; c'est lui qui a

tracé la belle route que nous avons jetée sur le littoral de son département, et celle qui, à travers les Apennins, conduit de Savone à Alexandrie. Il est l'auteur d'un projet qui, dans le temps, fit beaucoup de bruit en Italie. Il proposa de joindre, par un canal, le golfe de Gênes à celui de Venise. Voici, autant que je suis en état d'en rendre compte, comment ce projet devait être exécuté.

La petite rivière de la Fiumara, qui se jette dans la mer à Savone, devait joindre ses eaux à la Bormida, dont la source, opposée à la sienne, en est cependant très voisine. C'est, en petit, le Rhin et le Rhône sortant du Mont St.-Gothard. La Bormida ayant son confluent dans le Tanaro, celui-ci dans le Pô, et ce dernier dans l'Adriatique, le canal était indiqué et presque formé par la nature; ainsi, Gênes et Venise auraient communiqué par terre, dans tous les temps, sans être contrariées ni par les vents, ni par les flottes ennemies. Alexandrie, en temps de paix, serait devenue une ville commerçante et presque maritime. Elle aurait rapproché Turin de la mer, et lui en eût apporté tous les tributs. Elle eût correspondu rapidement avec Plaisance, Ferrare, et toutes les places qui sont sur le Pô. Les troupes se seraient embarquées sur le canal avec leurs gros bagages, et auraient été portées de Gênes à Venise presque sans frais, sans fatigues, et en couchant tous les soirs à terre. Ce projet était d'une exécution si belle, qu'elle excita l'envie de ceux qui le

firent avorter. Mais c'est surtout sa conduite envers
le pape, pendant sa captivité à Savone, qui a
rendu M. de C*** cher à tous les amis de la religion
et de l'humanité. Un heureux hasard, ou plutôt,
j'aime à le croire, un reste de vénération avait fait
placer la prison du Saint-Père dans la préfecture de
l'homme le plus religieux, et qui tenait à honneur
d'avoir cette réputation, tandis que beaucoup de
ses collègues travaillaient à s'en faire une toute contraire. Aussi Pie VII fut toujours pour lui le chef
de l'Église et le souverain pacifique, abattu un instant par le conquérant. Avec quel respect l'appro-
chait-il ? avec quelle bienveillance il accueillait tous
les étrangers, qui, du fond de l'Italie, accouraient
à Savone pour le voir et recevoir sa bénédiction !
comme il leur facilitait tous les moyens d'accom-
plir leur saint pélérinage ! quelle douceur, quelle
sollicitude dans les rapports qu'il adressait au gouvernement sur le vénérable captif ! Son épouse,
dont la piété exemplaire avait ce que son sexe lui
donne de plus doux et de plus consolant, partageait avec lui les mêmes soins et les mêmes devoirs.

Ici se place naturellement un épisode qui peut
encore adoucir l'odieux et affligeant tableau de cette
captivité. Le colonel de gendarmerie T....., chargé
spécialement de la garde du Pape à Savone, avait
avec lui son fils âgé de huit à neuf ans, nommé Télémaque, et qui promettait toutes les qualités de
l'esprit et du cœur que rappelle ce nom.

Les regards de l'illustre captif s'arrêtèrent de suite sur lui avec bonté. L'ingénuité et la candeur de l'enfance, au milieu d'une prison et de l'appareil menaçant des armes, lui offrirent un contraste frappant. Loin des lieux et des objets chers à ses méditations, la vue de cet enfant pouvait donner à ses peines quelque heureuse distraction. Télémaque répondit à cet intérêt par le charme de son âge et par le respect le plus profond. On le voyait toujours auprès du vénérable pontife qui lui donnait la main, ou s'appuyait sur lui. Ce spectacle de l'enfance prêtant son appui à la vieillesse et au malheur, était aussi auguste que touchant. Tous ceux qui en étaient témoins semblaient dire à Télémaque : « Veille toujours sur ce dépôt précieux ! protège-le toujours auprès de ton père et de ses soldats; ta faiblesse et ton innocence feront plus que notre force et nos efforts. »

Lorsque la prison du Pape devint plus étroite, lorsque nul chrétien ne pouvait voir ni approcher le chef de la chrétienté, Télémaque seul, protégé par son père et les gardes qu'il commandait, pénétrait dans la prison et y portait des consolations. Un jour, son père lui ayant demandé, d'un air de curiosité affectueux, ce qu'il disait, ce qu'il faisait avec le Saint-Père : « Papa, nous prions. » Une autre fois, le Pape ayant dit à M. T....., en présence de son fils : « Je crains que le besoin que j'ai de Télémaque et l'attachement que je lui porte, ne vous soient nuisibles. Je crains pour vous quelque disgrâce : »

l'enfant répondit pour son père, par ces deux vers
sublimes de Racine :

> Soumis, avec respect, à sa volonté sainte,
> Je crains Dieu, cher Abner, et n'ai pas d'autre crainte.

Tandis que le Pape était ainsi prisonnier à Savone,
j'avais l'honneur de voir à Gênes un grand per-
sonnage que cette captivité affligeait d'autant plus
qu'elle pouvait finir par le compromettre : c'était
Mgr. le cardinal S***, archevêque de cette ville.
Né en Ligurie, dans la petite ville de Sarzane, de
parens peu fortunés, il avait dû son élévation à une
cause bien glorieuse, au noble courage avec lequel
il avait partagé la captivité de Pie VI, dont il avait
reçu les derniers soupirs à Valence. Il était resté le
dernier ami du vénérable pontife, qui, le premier
des souverains, jugea bien la révolution française,
dont il a été un des plus illustres martyrs. Pour prix
de son dévouement, Pie VII avait donné à l'abbé
S*** la mitre et la barrette. Peu d'hommes ont été
doués comme lui de tant de moyens de plaire et de
réussir ; il possède tout le charme des manières et
des paroles ; quoique plein d'adresse et de dextérité,
je l'avais vu bien souvent tourmenté de sa position, et à la veille d'échouer, malgré toute l'habileté
de sa conduite. Avant lui, les Génois n'avaient jamais eu d'archevêque décoré de la pourpre romaine,
et cette haute dignité, inconnue au sein de la superbe Gênes, donnait de l'ombrage aux patriciens,
sans rien ajouter à la vénération du peuple. Un

prince de l'Église offusquait cette noblesse républi-
caine et commerçante. Les autorités françaises le
voyaient sans jalousie, mais avec défiance, et étaient
très peu disposées à le soutenir ; d'ailleurs cet appui
étranger lui eût aliéné tous les cœurs, et il était trop
habile pour le rechercher. Il flottait entre deux sentiments hostiles qu'inspirait l'éminence de son rang,
et que l'attrait de sa personne savait adoucir. Mais
l'embarras de cette situation politique augmenta
bien encore, lorsque Pie VII, son bienfaiteur et son
souverain immédiat, fut arraché de ses états et conduit à Savone ; ce voisinage le plaçait entre deux
écueils bien redoutables. S'il avait volé à Savone,
s'il eût voulu pénétrer jusqu'au Saint-Père pour lui
offrir les mêmes hommages et le même dévouement
qu'à son prédécesseur, une autre prison se serait
ouverte pour lui à l'autre extrémité de l'empire.
Car, certes, il n'eût pas eu le bonheur de partager
celle de son bienfaiteur ; si, dévorant sa douleur, il
restait tranquille dans son palais, tandis que le Pape
était captif à sa porte, il était accusé de lâcheté et
d'ingratitude. Il échappera à ce reproche, si on ob-
serve que ce dévouement n'eût fait que nuire au
Saint-Père ; qu'il était au moins inutile et même impossible par la surveillance que le commissaire général de police de Gênes exerçait sur lui et sur tout
son clergé. Ses agents couvraient la route de Gênes
à Savone et interceptaient toute communication
La bouche de pierre dont parle Montesquieu, qui
était ouverte à Venise à tous les délateurs, l'était

également à Gênes à la porte du commissaire de police, et glaçait d'effroi les âmes les plus généreuses. *La bouche de pierre* est toujours auprès de *la main de fer*.

On jugera par le trait suivant, de l'honorable défiance que le cardinal inspirait au gouvernement français.

Lorsqu'au mois de juillet 1809, le Pape fut conduit prisonnier en France, on le faisait voyager avec une rapidité cruelle, au milieu des feux de la saison, sans égard pour son grand âge et ses infirmités. Les montagnes ralentirent pourtant cette marche forcée; car, à cause de la difficulté des chemins, depuis Chiavari, on avait placé le Pape dans une chaise à porteurs. Le commandant de son escorte voulut qu'il se dépouillât de ses habits pontificaux, pour que son voyage fût aussi secret que rapide, car on craignait le soulèvement des peuples répandus sur la route qu'il devait parcourir; mais il avait déclaré que la force seule lui enlèverait les marques de la souveraineté pontificale. Arrivé à Gênes, on se proposait bien de se dédommager de la lenteur forcée que les montagnes avaient causée à sa marche. Cependant on annonçait au Pape, sans doute pour lui rendre ses souffrances plus supportables, qu'il aurait dans cette ville quelques jours de repos, et qu'il y serait reçu par l'archevêque de Gênes, le cardinal S***. En effet, le gouvernement avait donné à l'archevêque l'avis officiel de ce passage et de ce séjour, et l'avait même invité à faire dans son palais tous les préparatifs nécessaires pour cette réception. Jamais ordre ne fut exécuté avec plus d'empressement, et ne répandit plus de joie; jamais hospitalité plus douce à remplir, quoique dans une circonstance affligeante. Le malheur ajoutait à la vénération et à la reconnaissance. Le peuple partageait à cet égard les sentiments du cardinal et les manifestait avec plus d'énergie. Il se portait en foule sur les bords du Bisagno, par où devait arriver le saint voyageur. Tous les travaux étaient suspendus. Ce n'était pas l'appareil d'une fête, mais celui d'un grand événement auquel se rattachaient tous les sentiments religieux. On espérait surtout, par les témoignages du plus touchant intérêt, offrir au chef de l'Église des consolations et en recevoir de lui; le commissaire général de police savait seul que cette espérance serait trompée. En effet, à la vue de Gênes, à l'endroit dit la *Castagna*, sur les bords de la mer, la chaise à porteur s'arrête tout à coup : on en fait descendre le pape, et on l'oblige a entrer dans un bateau couvert qui l'attendait. A genoux sur le rivage, les habitants des Apennins, qui l'avaient porté avec un saint respect, lui demandent sa bénédiction et s'éloignent en regrettant ce fardeau précieux qui était déjà sur les flots.

Dans ce passage si rapide de la terre à la mer, du silence des montagnes aux mugissements des vagues, le pape croit toucher à sa dernière heure, et il se met en prière. On cherche à le rassurer en lui disant qu'on ne veut que lui faire éviter la traversée de Gênes;

6

que le peuple de cette ville a manifesté trop de joie de le posséder, et qu'on a craint surtout son entre- vue avec le cardinal. En lui parlant ainsi, il doublait le golfe sans entrer dans le port de Gênes, sans même jouir de la vue de l'amphithéâtre pittoresque sur lequel cette ville se développe, et, ce qui eût été mille fois plus agréable pour lui, sans entendre les acclamations d'un peuple religieux et fidèle; sa pri- son flottante le dérobait lui-même à tous les re- gards; on eût pris le bateau qui portait le succes- seur de St.-Pierre, pour celui d'un simple pêcheur. Il fut au moins respecté par les vents, et après trois heures de navigation, il aborda sur la plage de St.-Pierre d'Aréna, où une chaise de poste avait été préparée pour lui par le commissaire géné- ral de police et un colonel de gendarmerie qui y monta à ses côtés. Il était déjà à dix milles de Gênes; il avait franchi la Bocchetta, que les Génois l'atten- daient encore sur le rivage. Le peuple bivouaqua pendant deux jours, sur les routes et dans les rues, et ce ne fut qu'avec une indignation profonde, qu'il apprit qu'on avait trompé la plus chère de ses at- tentes. L'archevêque en fut profondément affligé, mais il ne fut pas sans inquiétude sur la crainte qu'il avait inspirée et qu'on n'avait pas su dissi- muler.

Le cardinal S*** obtiendra une belle page dans l'his- toire. Il a attaché son nom au concordat que Buo- naparte a passé avec Pie VII, le 10 septembre 1801; c'est lui qui le présenta à la signature du premier consul, qui vit son éminence avec d'autant plus de plaisir, que dans ce moment, il faisait ériger un monument à la mémoire de Pie VI, auquel le cardinal avait été si fidèle; il se plut à le rendre témoin de la réparation qu'il faisait, au nom de la France, à cette auguste victime. Combien à cet égard, l'empereur a été différent du premier consul! Le concordat de 1801, après une révolution qui avait brisé le trône et l'autel, et immolé sur leurs débris le pontife et le roi, suffirait seul pour immortaliser l'homme qui a tant d'autres titres à l'immortalité. Ce qu'il y a de plus étonnant dans ce monument de paix et de réconciliation avec le Saint-Siége, c'est qu'il n'éprouva pas la plus légère opposition; non seulement tous les corps de l'État le reçurent avec empressement, mais toutes les trompettes de la philosophie furent muettes; plusieurs même, firent entendre des applaudissements; tant ce gouvernement naissant avait reçu une forte impulsion, et imprimait de respect! François Ier ne fut pas si heureux, quoique si loin des prétendues lumières du dix-huitième siècle. Louis XVIII le sera-t-il davantage, quand il traitera avec la cour de Rome! le roi très chrétien fera-t-il moins pour la religion, que le conquérant qui n'a fait que passer? les chambres dont il a entouré son gouvernement ne viendront-elles pas contrarier et attaquer ses traités avec le Saint-Siége? plusieurs de leurs membres qui, en 1801, trouvèrent le concordat de Buonaparte, une mesure profondément com-

~~tagregiste~~ qui servait au maintien des institutions ~~nouvelles~~; ne s'élèveront-ils pas contre celui de ~~Louis XVIII~~ ? Mais n'anticipons pas sur les temps ~~et les événements~~.

~~Je ne puis~~ quitter le cardinal S***, sans parler ~~de deux~~ nobles exilés génois avec lesquels il était ~~intimement~~ lié, et que j'avais vus à Paris, où ils ~~exerçaient~~ en faveur de leurs compatriotes un pa- ~~tronage~~ plus honorable et plus affectueux qu'utile. ~~C'étaient~~ deux respectables vieillards, MM. Jérôme Durazzo et Michel-Ange Cambiagio, que Napoléon avait appelés au sénat, comme d'illustres otages. Plusieurs fois doges de leur république, ne devaient-ils pas être plus étonnés de leur nouvelle dignité et de leur séjour à Paris, que ne l'avait été un de leurs prédécesseurs, mandé à Versailles, pour faire des soumissions à Louis XIV? Le comte Durazzo, d'une constitution grêle et comme artificielle, ne trouvait plus de chaleur sous le climat de Paris, et soupirait sans cesse après le soleil d'Italie. Il était enveloppé de fourrures, même dans nos étés les plus brûlants. Cependant, dans sa jeunesse, il avait habité Saint-Pétersbourg, comme ambassadeur de sa république. Les Génois parlent encore avec orgueil de cette ambassade, où M. Durazzo avait déployé une magnificence et une recherche de luxe vraiment asiatique, mais ruineuse pour sa fortune : les fleurs et les fruits de Gênes, inconnus avant lui dans ce climat glacé, lui arrivaient périodiquement à Pétersbourg, et ornaient sa table et ses appartements. Ses manières,

qui étaient celles d'un grand seigneur, ajoutaient à
sa représentation, et en doublaient l'effet. A Gênes
son palais, tout en marbre, de l'architecture la plus
noble et la plus élégante, n'était destiné que pour
les empereurs, les papes et les rois. Il visait à l'ori-
ginalité ; il était cher aux plébéiens et aux patriciens.
Les femmes surtout, qu'il avait toujours beaucoup
aimées, lui portaient un intérêt particulier, et pro-
tégeaient ses dernières années. M. Jérôme Durazzo
a été le dernier doge de Gênes, et ce premier pouvoir de la république a fini, dans ses mains, non
seulement sans faiblesse, mais avec une sorte de
dignité.

Son illustre collègue, M. Cambiagio, au milieu
de Paris, vivait dans la retraite la plus profonde,
livré à tous les exercices de la religion et de la
bienfaisance ; il ne paraissait au sénat et à la cour
que dans les occasions solennelles et indispensables.
Son âge et ses infirmités lui fournissaient, d'ailleurs, des excuses trop légitimes. Son épouse, beaucoup plus jeune que lui et encore belle, partageait
son exil, et l'en consolait par les qualités les plus
heureuses et la vertu la plus pure. Bien différente
de Mme de B***, elle fuyait, autant que son mari,
les grands du jour, et ne voulut jamais céder aux
instances que lui fit la mère de Napoléon pour l'attacher à sa maison. Madame Letitia eût été flattée
de voir à sa suite une de ces dames de Gênes,
dont la famille avait partagé long-temps la souve-
raincté de la Corse.

9 7 8 2 0 1 3 4 6 8 8 3 1